Nachspielzeit

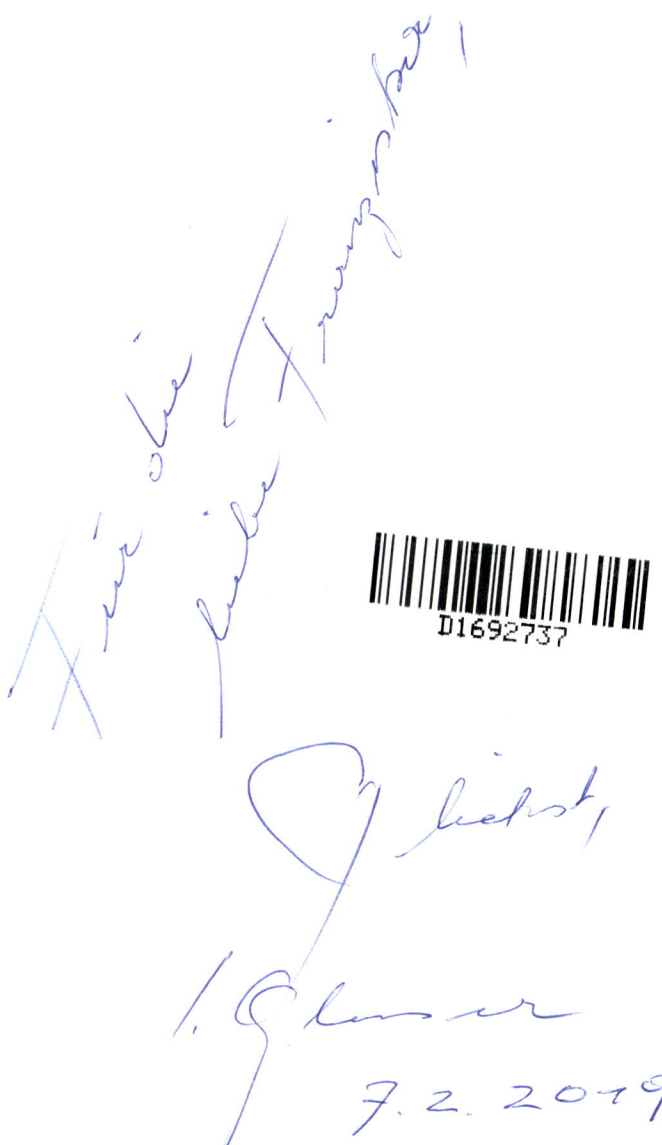

Für die Trumpeter!
Liebe

liebst,
I. Glasner
7.2.2019

für
Herbert

Inge Glaser

Nach
spiel
zeit

Autobiografisches

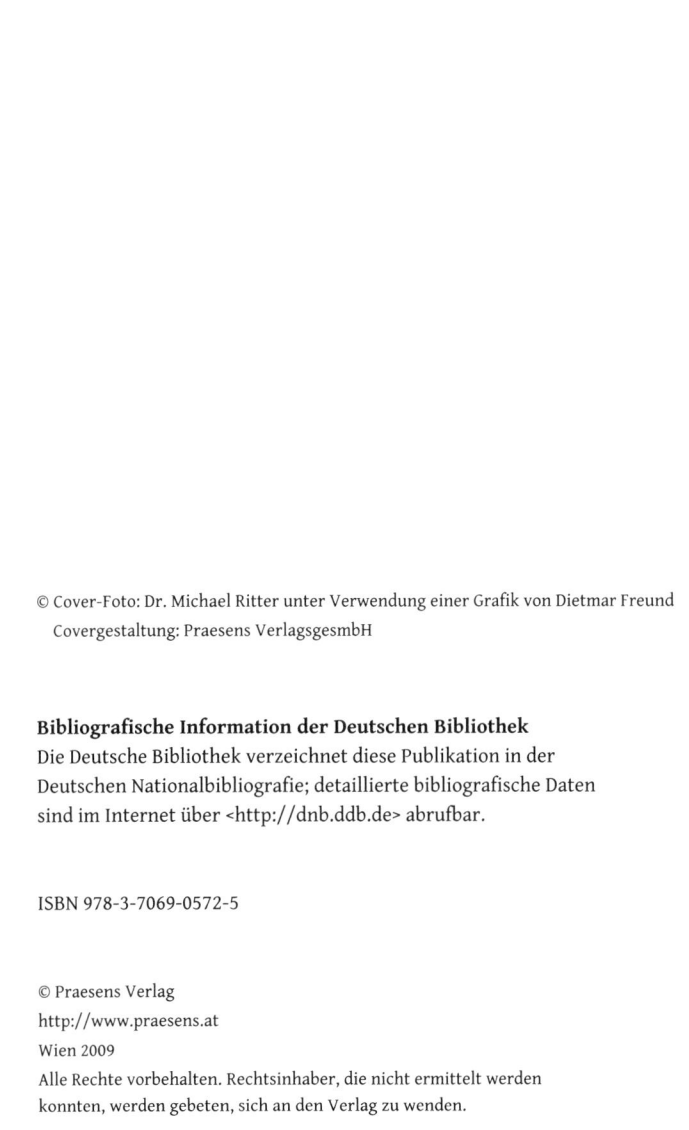

Lektorat: Dr. Arnold Klaffenböck
Grafiken: Dietmar Freund

© Cover-Foto: Dr. Michael Ritter unter Verwendung einer Grafik von Dietmar Freund
Covergestaltung: Praesens VerlagsgesmbH

Bibliografische Information der Deutschen Bibliothek
Die Deutsche Bibliothek verzeichnet diese Publikation in der
Deutschen Nationalbibliografie; detaillierte bibliografische Daten
sind im Internet über <http://dnb.ddb.de> abrufbar.

ISBN 978-3-7069-0572-5

© Praesens Verlag
http://www.praesens.at
Wien 2009
Alle Rechte vorbehalten. Rechtsinhaber, die nicht ermittelt werden
konnten, werden gebeten, sich an den Verlag zu wenden.

Vorwort

Die unauffällige Gegend zwischen dem Schloss Freisaal, der Hellbrunner Allee und der Salzach, gelegen im Süden der Stadt Salzburg, durchschnitten von der verkehrsreichen Alpenstraße, ist Inge Glasers Kinderheimat, Erwachsenen-Lebensraum und poetische Landschaft.
Die Mehrzahl ihrer in „Nachspielzeit" versammelten Geschichten entwickeln sich aus diesem kleinteiligen Raum, spannen sich aber weit über die Begrenztheit des Individuums ins allgemein Menschliche aus.
Inge Glaser liebt Salzburg, ihr kritischer und satirischer Blick gründet sich auf der Verbundenheit mit ihrer Heimatstadt. Aus Verantwortung für das Erbe, das diese Stadt bedeutet, kritisiert sie in gar nicht süßen „Salzburger Nockerln" Auswüchse des Tourismus, Bausünden oder verunglückte Kunstaktionen.
Die Autorin erinnert sich in ihren Miniaturen an die Kriegs- und Nachkriegskindheit sowie die bescheidenen Jugendjahre in der Zeit des Wiederaufbaus. Sie versteht es, ihre Erlebnisse mit wenigen Strichen in die historische Situation zu stellen. Die Verstörung des Kindes ist nachzuempfinden, als die „großen silbernen Vögel" Tod und Feuer auf die Stadt warfen, die Fremdheit verständlich, als die US-amerikanischen Besatzungstruppen „Regenbogenfarben" auf Wände und Mauern malten.
In ihren Lebensreflexionen spart Inge Glaser eigenes Versagen keineswegs aus, sehr berührend sind die Passagen, in denen sie Versäumnisse in der Kindheit nennt. Ihre kritische Haltung bewahrt sie vor Eigenlob und geschönter Erinnerung.
Als erfahrene Pädagogin geht es Inge Glaser um Menschenbildung, in jeder dieser Miniaturen sind Linien zu finden, die auf einen allgemeinen Bildungsauftrag weisen. Aber Inge Glaser bleibt immer Schriftstellerin, indem sie uns Geschichten erzählt, Geschichten von der Kindheit, von Menschen, von Tieren und von Träumen.

Salzburg, im September 2009
Hildemar Holl

Sandkastenspiele

Wir wohnten Tür an Tür – im zweiten Stock! Sein Vater war Leutnant. Man bekam ihn nicht oft zu sehen. Das war damals so mit den Vätern. „Maikäfer flieg, der Vater ist im Krieg ...", sangen die Kinder von den Balkonen und am Spielplatz, aber auch andere Lieder – Frühlingslieder, wenn sich die Eichen vor den Häusern in neues Grün hüllten und Amsel, Drossel, Fink und Star wieder ihre Aufwartung machten. Von Jahr zu Jahr mehrten sich die Sterne an den Uniformen der Männer und die Kinder, wenn die Mütter guter Hoffnung waren nach den Fronturlauben.

Wenn es hieß: feindliche Verbände im Anflug auf Kärnten und Steiermark, kam Leben in die Häuser und der Tod aus der Luft. Man packte das Nötigste und flüchtete in schützende Stollen – wenn noch Zeit war dafür. Diese statt der Luftschutzkeller aufzusuchen, die nicht immer den Angriffen von oben standhielten, war oft lebensrettend. Der Berg war sicherer. Einmal brach Panik aus vor dem Eingang davor. Nicht nur die Menschen hatten es eilig – auch die Bomben. Man trampelte mich nieder damals in diesem Gedränge. Ein Soldat hob mich hoch, und ich brüllte wie am Spieß, ehe ich meine Mutter mit dem Kinderwagen und den Bruder darin wieder erspähte. Irgendwann gab es Entwarnung, man suchte eiligst das Weite, vergeblich dann oft auch das Zuhause.

Eine vaterlose Kindergesellschaft wuchs alsbald in der Sandkiste unter den Eichen heran. Maikäfer flogen, Väter fielen, und die Kinder standen im Kreis und hielten die Händchen hoch, um die Bombe aufzufangen. So einfach war das. Ein Spiel, weiter nichts! Der Leutnantsohn von nebenan widmete sich mit Hingabe seinen Zinnsoldaten, ich meinen Puppen. Wenn wir beide zur Strafe nicht in den Hof durften, weil wir dort abpflückten, was wir für Wiesenblumen hielten, machten wir uns über die Balkone bemerkbar. Auch über die Türschlitze, die für die Post bestimmt waren. Auge in Auge stand man sich da gegenüber. Zuletzt wurden nur noch Feldpostbriefe eingeworfen – oft die letzten Lebenszeichen der Soldatenväter.

Zu einer Zeit, als man noch nicht die Fenster verdunkelte, brachten manche Mütter aus den drei Wehrmachtsbauten ihre Kinder zur körperlichen Ertüchtigung in eine Turnhalle, über welcher die Büste von Turnvater Jahn thronte. Ich wurde dort weniger meines sportlichen Könnens wegen, sondern angesichts meiner korrekten Kleidung, die den damaligen Vorschriften entsprach, zum Vorzeigemodell, wusste aber nicht so recht, worum es eigentlich ging, als man mich aus der Kinderschar herausholte und den auf den Langbänken sitzenden Müttern, die sich die Wartezeit mit Stricken, Nähen und dergleichen vertrieben, vorführte – schwarze Hose, weißes Leibchen! Zwei Jahrzehnte später dachte ich meinerseits nicht daran, nämliche Turnbekleidung einzufordern, als ich berufsbedingt diese Halle wieder aufsuchte. Sie schien geschrumpft zu sein – wie die Pferde und Böcke auch. Der Geruch von damals aber haftete noch immer an allem ...

Bevor noch der Hl. Nikolaus erstmals in mein Kinderleben trat, hatte ich eine schreckliche Vorstellung von dessen Begleiter – pechschwarz wie der Teufel soll er sein, zumindest aber so schwarz wie die Tücher, die des Nachts vor den Fenstern zu hängen hatten und so keinen Blick auf die Sterne zuließen. Als dann der Mann mit dem Krummstab um die Wege war und an der Wohnungstür klopfte, suchte ich blitzschnell unter einem Bett Unterschlupf. Mein Gewissen schien nicht so makellos rein gewesen zu sein, um darauf zu vertrauen, dass dieser ohne seinen finsteren Gesellen erscheinen würde. Nichts konnte mich aus dem Versteck hervorlocken. Im Jahr darauf traf man entsprechende Vorkehrungen. Man war gewarnt und wusste nun zu verhindern, dass ich wieder Reißaus nahm. Der Heilige mit Mütze und Stab hielt nun während seines Besuches einen entsprechenden Respektabstand ein. Schließlich warf er mir eine Rute zu. So war also doch dieser Teufelskerl auch mit im Spiel – vermutlich, weil ich alles andere als ein Engel war – wenn ich, wie Fotos von dazumal bezeugen, auch so aussah.

Der Nachbarsbub hatte es gut, er musste nicht in den Kindergarten, wo es mir nicht sonderlich gefiel. Ich verstand nie, was die Damen da alles von mir wollten. Vermutlich auch nicht den Auszählreim: „Kaiser, König, Edelmann – Bürger, Bauer, Bettelmann!" Ich entschied mich für den Letzteren – weiß der Kuckuck, warum. Und warum ich deshalb verlacht wurde, wusste ich auch nicht so recht. Bettelmann hörte sich doch als Wort gut an! Auch der große Sandkasten dort konnte mich nicht locken. Lustlos stocherte ich in diesem herum und wartete darauf, bis ich endlich abgeholt wurde. Einen Buben vom Nachbarhaus kannte ich noch, sonst niemanden. Er war schon ein Jahr älter als ich. Einmal musste ich mit ihm zusammen ein Lied vorsingen. Er wurde gelobt, aber über mich schüttelte man nur den Kopf. Die beiden Fräuleins, die ich nicht leiden konnte, meinten entsetzt, wie man ein Lied nur so verkehrt zu singen vermag. Wieder zurück in der Sandkiste, sinnierte ich darüber nach, wie ich das nur zuwege brachte, das gewünschte Lied verkehrt zu singen, und kam letztlich zu dem Schluss, dass man mir angesichts dieses Kunststückes, das ich da angeblich vollführte, statt des Tadels ein Lob hätte zukommen lassen müssen. Wie ich dieses vollbrachte, wollte mir aber trotzdem nicht in den Kopf. Das Kraut schüttete mir eine der beiden Damen endgültig aus, als ich einmal vorzeitig nach Hause durfte. Ich knickste höflich, wie man es mich lehrte, und reichte die Hand. Die eine strich mir sodann über mein damaliges Lockenköpfchen, die andere versetzte mir eine schallende Ohrfeige.

Am Nachhauseweg trippelte ich hängenden Kopfes und aus einem verständlichen Erklärungsnotstand heraus stumm wie ein Fisch neben unserem Kindermädchen her. Doch ich hatte Glück und entging den elterlichen Nachforschungen. Vielleicht hatte das Kindermädchen doch nicht gepetzt. Ich sehe mich heute noch die Küchentüre öffnen und trotzig auf den Küchentisch starren, auf welchem ein Haferflockenpäckchen stand, sodass ich vorerst gar nicht bemerkte, dass Besuch gekommen war und ich sodann freudig in die Arme geschlossen wurde.

Die Frohbotschaft vom Kommen des Christuskindes erfüllte mich mit seliger Erwartung. Ein Leben lang trägt man den Anblick des ersten Lichterbaumes mit sich herum. Dieser erstrahlte ganz in Weiß. Verwundert war ich nur, dass man vom Himmel verschiedene Ausführungen dieser Bäume auf die Erde schickte. Der Leutnantsohn bekam nämlich einen kunterbunten – und Schier dazu, während ich mit Puppengeschirr bedacht wurde und es nicht lange dauerte, bis die kleinen mit Himbeersaft gefüllten Schälchen umfielen und sich deren Inhalt auf den Polsterstuhl ergoss ... Diese „Stille Nacht" wurde damals angeblich erst dann zu einer solchen, als mein Brüderchen von seinem Schlagzeug ablassen musste, da das Trommelfell, ehe es noch mit dem in den Ohren der Familienmitglieder so weit war, platzte. Väter brachten so einiges mit, wenn sie zwischendurch wieder einmal nach Hause kamen. Nicht nur Gaben für Weihnachten, die sonst hier zu Lande nicht zu bekommen waren.

Einmal bedachte er mich sogar mit einem kleinen Ring, den ich sogleich verschluckte. Seither waren meine Finger viele Jahre unberingt. Eine Vorsichtsmaßnahme vermutlich, denn damals war ich ganz plötzlich ein Notfall – man brachte mich ins Krankenhaus, wo schon alles für eine Operation veranlasst worden war. Zuvor führten sie mich in eine Kammer, die zum Fürchten dunkel war. Ich schrie wie am Spieß, während sich auf dem Röntgenbild zeigte, dass das Schmuckstück sich schon in Richtung Magenausgang bewegte. Man war verstimmt – nicht nur wegen meines Geschreis, umsonst hatte man die Messer gewetzt! Nun sollte das verschluckte Ding auf natürlichem Wege wieder ans Tageslicht gelangen. So richtete man nun alle Aufmerksamkeit auf das Töpfchen, wo sich nach reichlichem Genuss von Sauerkraut das entschwundene Stück dann endlich wieder zeigte.

Ehe das Tausendjährige Reich noch in die Gänge kam, war es mit diesem auch schon vorbei – auch mit meiner Kindheit, die sich im Schattengeviert von Wohnblöcken und Bäumen abspielte, die man später einmal unter Denkmalschutz stellen würde. Vorbei war es auch mit den schrecklichen Abschiedsszenen zwischen den Eltern, wenn der Vater wieder fort musste. Ich verdrückte mich dann immer in eine Ecke und wusste nicht so recht, was da abging und ahnte doch, dass es etwas ganz Bewegendes sein musste ...

Als man die Sandkiste wieder in Ruhe aufsuchen konnte, gab es den bösen Spuk am Himmel nicht mehr. Ein anderer stand uns bevor. Auf den Balkonen beobachteten die Kinder die fremden Fahrzeuge auf der Straße. Sie duckten sich immer, wenn eines daherbrauste, aber das nützte nichts, die Wohnungen in den Häusern mussten geräumt werden. Die fremden Soldaten brauchten Platz! Man ließ alles zurück, und eine Herbergsuche begann – mitten im Mai! In den Sandkisten traten die fremden Mieter ihre Zigaretten aus. Meinen Kindheitsgespielen verlor ich aus den Augen – zwar hatten wir beide wieder unsere Väter, doch einander nicht mehr. Alsbald holte nämlich der Leutnant seinen Sohn weit fort. Und irgendwann war auch ich der Sandkiste entwachsen.

Als der Nachbarsbub vom zweiten Stock mit seinem Vater nach Jahren wieder den Ort seiner Kindheit aufsuchte, war mehr als ein Jahrzehnt vergangen. Wir waren ein gutes Stück gewachsen, hatten diesseits und jenseits der Grenze, die unsere Länder trennte, die Prüfung der Reife abgelegt und uns nicht unbedingt zum Nachteil verändert, wie dies die Erwachsenen befanden. Dennoch konnten wir nicht anknüpfen, wo wir aufgehört hatten. Das lag aber nicht an dem feschen Burschen, der da plötzlich vor mir stand, auch nicht an der veränderten Stimme, die er nun hatte, nur – wir waren keine Kinder mehr ... Anscheinend auch noch nicht erwachsen, denn der Leutnant von damals und mein Vater hatten keinerlei Schwierigkeiten, miteinander umzugehen, während wir Sandkastenkinder von einst uns nebeneinander auf dem riesigen Strunk einer der vielen gefällten Eichen niederließen und befangen schwiegen. Ein hübsches Paar!, meinten die Erwachsenen und zückten die Kamera. Ob er eine Herzallerliebste hatte?, dachte ich. Vermutlich machte auch er sich diesbezügliche Gedanken, als nichts daraus wurde, mich am Abend zum Tanz zu entführen.

Wir schrieben uns noch eine Weile, entschieden uns beide für ein Lehrerleben, gründeten eine Familie, und dann gab es Wichtigeres, als Vergangenheiten nachzuhängen, die der Vergoldung noch nicht anheimgefallen waren. So verlor man sich aus den Augen und auch aus dem Sinn – vor allem verlor man die Adressen, und irgendwann nach sehr, sehr langer Zeit fanden die Sandkastenkinder dann doch wieder zusammen – auf einer Brücke über einem Fluss, der das Land des Knaben aus dem „Altreich" von damals von dem des Mädchens, der „Ostmärkerin" von einst, trennt und doch wieder in einem Bündnis vereinigt – diesmal aber in einem friedlichen …

Das Aquarium

Es waren einmal zwei Kinder – keine Königskinder. Sie wohnten nicht in einem Schloss mit Söller, doch man hatte einen Balkon, der sogar ums Eck ging. Für eine Tierhaltung reichte dieser dennoch nicht aus – wie auch die Wohnräume nicht. Zumindest waren die Eltern dieser Meinung, wenn ihre Sprösslinge mit Wünschen, den Familienverband um Vierbeiniges oder auch Geflügeltes zu erweitern, an sie herantraten.

Eines der beiden Kinder, der Bruder des Mädchens, brachte eines Tages etwas Lebendiges nach Hause – etwas ganz, ganz Winziges. Etwas, das weder bellte noch miaute, das sich weder in die Lüfte erheben konnte noch sich auf vier Beinen fortbewegte, sondern stumm war wie ein Fisch. Und es war auch einer, wenn man ganz genau hinsah. Doch die Eltern sahen weg. Der Knabe hatte alles genau bedacht und kam zu dem Schluss, dass nun einer Tierhaltung nichts mehr im Wege stehen konnte. Vor vollendete Tatsachen gestellt, willigten die Eltern schließlich ein, dieses kleine Wesen aufzunehmen, bevor man noch nach einer geeigneten Bleibe für dieses Fischchen Ausschau gehalten hatte. Das war ein Fehler, denn die Befürchtung, die Eltern könnten einen Rückzieher machen, sollte es an der Beschaffung einer solchen scheitern, lag nahe.

Doch es gab Entwarnung. Nachdem sich dann doch ein entsprechendes Gefäß gefunden hatte, bemerkte der Vater schließlich sachkundig, dass nun einer artgerechten Tierhaltung nichts mehr im Wege stehen würde. Der kleine Winzling bestätigte dies, indem er nach der Umquartierung vom kleinen Marmeladenglas in ein großes Gurkenglas sich nicht mehr bei jeder Richtungsänderung den Kopf anstieß. Die Kinder wussten diese mütterliche Opfergabe sehr zu schätzen, diente dieses Gefäß doch zur Aufbewahrung von Eiern, die darin in einem weißlichen Schlamm überwinterten. Es war immer das Mädchen, das im Bedarfsfall den Gang in den Keller anzutreten hatte, um aus der ekeligen Masse Hühnerprodukte herauszufischen. Erleichterung bei diesem, wenn das zum Vorschein Gekommene der darauf folgenden Überprüfung standhielt. Vom jeweiligen Befund hing es ab, ob die Eier für die Speisezubereitung tauglich waren. Im gegenteiligen Fall drohte die Wiederholung des Ganges in die Kellertiefen. Wehe, wenn ein Ei die Unverschämtheit besaß, im Wasser auf einer Spitze zu tanzen oder gar Schwimmversuche zu unternehmen.

Nun aber befand sich in ebendiesem Glas nicht ein Produkt von gackerndem Federvieh, sondern eines, das der Knabe dem nahen Fluss entnommen hatte. Wie dieser das zuwege brachte, war dem Mädchen ein Rätsel. Schon die Beschaffung eines leeren Marmeladenglases, von welchem aus die Umsiedelung des Fischchens erfolgte, so wie die Tatsache, dass dem Knaben das kleine Tier überhaupt in diese Falle ging, war dem Mädchen unvorstellbar.

Die Wahrhaftigkeit der Aussagen des Knaben bestätigte sich insofern, als dieser – eingedenk der Worte seiner Schwester, dass es nicht gut für so einen Fisch sei, allein zu sein – alsbald ein zweites solches Wesen und bald darauf ein drittes anschleppte – im besagten Marmeladenglas, versteht sich. Diese Artgenossen waren aber noch viel winziger, dass es beinahe schon einer Lupe bedurft hätte, sie in dem Gurkenglas auszumachen. So entging der tierische Zuwachs vorerst den elterlichen Blicken.

Die Stunde der Wahrheit aber schlug unerbittlich, als sich das Innenleben dieses Glases, das seinen Standort auf dem schon erwähnten Balkon hatte, grünlich färbte, sodass es auch den Kindern nur schwerlich gelang, der Fische ansichtig zu werden. Dieser Umstand gewährte zwar den unentdeckt gebliebenen Neuzugängen einen störungsfreien Ablauf des Fischalltags, doch irgendwann wurde die Sache insofern anrüchig, als der Duft, der dem Glas entströmte, alles andere als berauschend den Familienmitgliedern in die Nase stieg.

Abhilfe war gefragt, und so schritt man zur Tat – „man" war der Vater. Die Mutter opferte dafür ein Gefäß des familiären Geschirrbestandes, so wurde die vorübergehende Umsiedelung zum Zwecke der Reinigung des Gurkenglases erheblich erleichtert. Genau genommen, erst ermöglicht. Die Großherzigkeit der Mutter beeindruckte die Kinder so sehr, dass sie vorerst davon Abstand nahmen, mit der Wahrheit wegen der tatsächlichen Anzahl der vorhandenen Tiere herauszurücken. Das Eingeständnis der eigenmächtig vorgenommenen Fischvermehrung wurde aber alsbald zwingend notwendig, als man bei dem Theater, das da über die Familienbühne ging, an einem kritischen Punkt anlangte. Dem Vater war nur zu deutlich anzumerken, dass er bald nicht mehr länger gewillt war, für so einen Winzling, der nicht und nicht zum Vorschein kommen wollte, eine solche Prozedur vorzunehmen. Schließlich war es der Knabe, der sogleich erkannte, dass nun gleich drei Fische Gefahr liefen, im Ausguss zu landen. Da nun auch die Mutter in ihren Bemühungen um eine gelungene Übersiedlung wankend wurde, bestand der familiäre Suchtrupp nur noch aus den Kindern, die da versuchten, der Fische habhaft zu werden. Das Geständnis des Knaben, dass man mit der Einstellung der Suche gleich drei Tieren den Garaus machen würde, fiel etwas kleinlaut aus und ging in der allgemeinen Anspannung, doch noch fischige Wesen orten zu können, vorerst unter.

Das Fassungsvermögen der Teigschüssel war begrenzt. Stets musste der aus dem Gurkenglas entnommene Inhalt in diese geleert und von acht Augenpaaren durchsucht werden, ehe das Wasser weggeschüttet werden konnte. Das große Bangen setzte ein, als das Gurkenglas schon halb leer und noch immer kein Fisch zu entdecken war. Endlich kam einer zum Vorschein. Dieser wanderte zwischenzeitlich in das Marmeladenglas, eher er wieder ins gereinigte Gurkenglas durfte. Als das Familienoberhaupt nun die mühevolle Aktion für beendet erklärte und schon im Begriff war, mit dem Rest der grünlichen Flüssigkeit abzufahren, brachte ein zeitgerechter Aufschrei der Kinder dieses zur Besinnung. Ehe nicht die volle Wahrheit auf dem Tisch war, ließ der Vater die Kinder aber noch etwas zappeln, bevor die nämliche Prozedur wieder ihre Fortsetzung fand.

Tränen der Erleichterung rannen über die Wangen der Kinder, als die restlichen beiden Tierchen zum Vorschein kamen und ihr weiterer Verbleib im Gurkenglas nun gesichert war. Also hat der eine zwei Junge bekommen, forschte der Vater, als die drei wieder fröhlich in diesem die Runden zogen. Die Geschwister konnten nun wieder lachen. Die Vorhaltungen der Eltern fielen milder aus als gedacht, denn es war dem Knaben strengstens verboten, dem nahen Fluss zu nahe zu kommen ...

So verging der Sommer. Die elterliche Aufenthaltsgenehmigung währte bis zum Schulbeginn. Die Winzlinge nahmen zu – auch deren Hunger, was sich an der Gewichtsabnahme der Sparschweine bemerkbar machte, denn die verfütterten Wasserflöhe kosteten Geld. Die immer wiederkehrenden vorübergehenden Umquartierungen in Teigschüssel und Marmeladenglas überstanden die Tierchen unbeschadet. Zumindest zeigte ihr Verhalten danach keine nennenswerten Auffälligkeiten. War die Wasseroberfläche mit Nahrung bedeckt, kamen sie nach oben geschwommen, was der Mutter der beiden Kinder stets die Bemerkung entlockte, dass sie sich eine solche Folgsamkeit auch von ihnen wünschen würde, wenn man sie zu Tisch ruft. Dem Knaben missfiel, dass die Gurkenglasbewohner nur bei Aussicht auf Futter angeschwommen kamen. Man sollte ihnen Namen geben, überlegte er. Das Mädchen war dagegen, da es glaubte, Fische wären nicht nur stumm, sondern auch taub. Dagegen sprach allerdings, dass diese sehr wohl auf Klopfzeichen reagierten.

Die Herbststürme fegten über das Gurkenglas hinweg. Für die Bewohner gab es eine vorläufige Aufenthaltsverlängerung – auch Eltern haben ein Herz, wenn sie es auch nicht immer offen zeigen. Zu erleben, wie ihre Kinder nach der Schule auf den Balkon stürmen, um nach ihren Lieblingen zu sehen, ließ auch sie nicht kalt. Kinderglück im Gurkenglas! Ein spätherbstliches nun! Es war nicht ganz auszuschließen, dass die Sprösslinge damit prahlten, zu Hause nun ein Aquarium zu besitzen. Vielleicht aber hielt sie die Wahrscheinlichkeit, dass man Nachschau hielt, um den Wahrheitsbeweis dafür zu haben, davon ab.

Bald aber klopfte der Winter an. Das war nun zu einer Zeit, wo den Eltern der Kinder die bedenkliche Bemerkung entschlüpfte, dass es in deren Zimmer „fischeln" würde. Da sie nicht auf dem Balkon nach dem Gurkenglas Nachschau hielten, konnten sie auch nicht wissen, dass dieses Abend für Abend den Standort wechselte, nämlich nach dorthin, wo die Kinder schliefen. Durch diese elterliche Aussage war nun Gefahr im Verzug. Somit nahm man die Verlegung des Gurkenglases vom Balkon in den Schlafraum erst vor, wenn im Wohnbereich Stille herrschte. Die Zeit bis dahin vertrieben sich die Kinder damit, Überlegungen anzustellen, wie ein zweites Gurkenglas zu beschaffen wäre. Schließlich nahte die Zeit, wo dieses für die winterliche Eieraufbewahrung wieder benötigt werden würde.

Da nun der Knabe glaubte, bezüglich der Tierbeschaffung das Seinige beigetragen zu haben, sollte sich nun das Mädchen um ein solches Glas bemühen. Längst waren die Eltern den Kindern bezüglich der Wanderschaft des Gurkenglases samt Inhalt vom Balkon ins Kinderzimmer auf die Schliche gekommen. Ihre Sprösslinge, dachten sie vielleicht nicht ohne Stolz, waren also nicht von gestern und wussten sehr wohl um die Aggregatzustände des Wassers Bescheid, und vielleicht sagte ihnen auch deren Hausverstand, dass Fische – noch dazu von dieser Größe – als Eisbrecher nicht taugen würden. Verhandlungen aber hinsichtlich einer Überwinterung der Tiere im Wohnbereich schlugen fehl.

So geschah es, dass eines Tages, als das Mädchen von der Schule nach Hause kam, vergeblich am Balkon nach dem Gurkenglas Ausschau hielt. Vermutlich war die Aussiedelung Männersache, sodass es des Abends im Kinderzimmer gehörig „fischelte". Die Vorhaltungen der Schwester, um den Verbleib von „Mäxchen", „Heinzchen" und „Hänschen klein" nicht genug gekämpft zu haben, nahm der Bruder so nicht hin. Nachdem er vom Hergang der Ausquartierung ganz sachlich Bericht erstattet hatte, faselte er noch etwas über die Vernünftigkeit dieser Aktion, und da vermutete das Mädchen wohl zu Recht, die Worte des Vaters aus ihm heraus zu hören, denn seine Stimme verriet, dass es mit seiner Vernünftigkeit, an welche das Familienoberhaupt vermutlich appelliert haben musste, nicht weit her war.

Ungeachtet der Tatsache, dass das Meer nicht mit Leitungswasser gefüllt ist, redete sich der Knabe mit den Gedanken in den Schlaf, dass es den Fischen zu gönnen wäre, den Großen Teich, wohin er seine Tierchen unterwegs wähnte, zu schauen. Davon, dass dieser Umstand den sicheren Untergang derselben zu bedeuten hätte, wollte der Knabe schon gar nichts wissen. Auch nicht, dass sie vielleicht schon längst im Rachen eines Raubfisches gelandet waren. Er gedachte nur noch der Dankesbezeugungen des einen Fisches – der Name war dem Mädchen entfallen –, der noch einmal zurückgeschwommen kam und eine Ehrenrunde drehte vor seinem Weg in die Freiheit, ehe der Schlaf des Vergessens die beiden Kinder von ihrem Herzweh erlöste.

An diese Begebenheit aus der Kindheit musste das Mädchen, die Schwester des Knaben, noch oft denken, als dieser eines Tages die familiäre Enge – einem Gurkenglas nicht ganz unähnlich – gegen die große weite Welt tauschte und über das große Wasser in die Freiheit zog, die er sich schenkte – wie den Fischen damals auch, doch nicht so ganz freiwillig …

Hasenbraten

Nähe schafft Beziehungen. Diese haben es in sich und an sich, dass Trennungen schwer fallen. Will man einer solchen aus dem Weg gehen, hält man alle und alles von sich fern, was einem zu nahe kommen könnte, oder zumindest auf Abstand, sonst ist es aus und geschehen, wenn ein Abschied ansteht. Namenloses findet schlecht den Weg bis hin zum Herzen. Und was zu Herzen geht, ist immer näher, als man denkt.

Es gab einmal Zeiten, wo ein fetter Hasenbraten eine willkommene Bereicherung eines Festtagstisches bedeutete, man sich aber einen solchen feinen Schmaus nicht leisten konnte. So erstanden Eltern zu einem erschwinglichen Preis, natürlich ohne das Wissen ihrer Kinder, ein Häschen, das aber einer Zufütterung bedurfte, um in der Pfanne dann eine entsprechende Figur abzugeben. So war der Plan, das Tier im Keller für einen Festtag hochzupäppeln und bis dahin vorsichtshalber jegliche Kontaktaufnahme zwischen dem Hasen und den Kindern zu unterbinden.

Diese Kinder jedoch waren aber längst schon keine heurigen Hasen mehr, um nicht zu merken, dass da etwas im Busch, genauer gesagt, im Keller sein musste, da ganz plötzlich ihre Dienstleistungen, dorthin zu gehen, nicht mehr in Anspruch genommen wurden. Nicht, dass sie darüber unglücklich gewesen wären, weder Holz noch Kohlen oder sonst etwas nach oben befördern zu müssen – die Angstzustände, die mitunter so ein Gang in die Kellertiefen auslösen konnte und die sich die Geschwister auch zuweilen eingestanden, waren entbehrlich. Dennoch schöpften sie Verdacht und waren doch auf der falschen Spur. Nicht das Versteck eines vierbeinigen Langohrs wurde da unten vermutet, sondern etwas heiß Ersehntes, das man hoffte, zu den kommenden Festtagen auf dem Gabentisch vorzufinden.

Der Traum vom Festmahl wäre geplatzt, hätten die Sprösslinge nur einmal Nachforschungen angestellt, um ihre Vermutungen zu überprüfen. So aber platzte der von der Erfüllung heimlicher Wünsche beim Blick auf den Gabentisch. Ein Vorstoß in die Kellertiefen, um einer Enttäuschung vorzubeugen, wäre aber schon daran gescheitert, als man in weiser Voraussicht den Schlüssel so vorsorglich verwahrte, dass die Kinder ihn niemals gefunden hätten.

Wie nun die Beförderung des Kellerhasen vom Diesseits ins Jenseits vonstatten ging, darüber gibt es keine verbürgten Aussagen. Nur so viel war darüber zu erfahren, dass diese Tätigkeit dem Familienoberhaupt zufiel – eine Arbeitsteilung demnach, da die Zubereitung dann der Mutter vorbehalten war. Die Sache flog auf, als Mann und Frau ziemlich lustlos im Essen herumstocherten, es schließlich so recht und schlecht hinunterwürgten und dabei noch die Stirn hatten, ihren Kindern die Frage zu stellen, welchen Braten sie da wohl vor sich hätten. Misstrauisch geworden und unkundig noch, Fleischgeschmäcker zu unterscheiden, blieb des Rätsels Lösung vorerst offen. Die Wahrheit kam dennoch ans Licht, als sich die Kinder sattgegessen hatten.

In Erinnerung blieb, worum sich die Kinder zuallererst erkundigten – nach dem Namen des Hasen ...

Wintermärchen

Die Zeit der wilden Jagd auf die Stadt und die der feindlichen Niederschläge waren ausgestanden. Aufgemalte Regenbogen an grauen Mauern blieben zurück, und Schneegewölk wölbte sich darüber. Den Mächten der Finsternis war man Herr geworden. Nun aber hatten sie wieder ihre Tage – dem Brauchtum nach, und Fremdes trieb sich überall herum, trotz der trauten Zeit, die nun angebrochen war.

Auf dem Steg über den Fluss standen die Kinder. An nichts gingen sie achtlos vorüber. Tief unten rauschte und raunte es geheimnisvoll. Sie lauschten. Am anderen Ufer drüben stand das Knusperhäuschen, die Hexe aber war nicht zu Hause, und aus dem Lebkuchen würde wohl nichts werden. Mächtige Riesen mit starken Armen säumten den Weg entlang des Flusses. Starr und stumm ragten sie ins abendliche Dunkel und rührten sich auch nicht vom Fleck, als die Kinder um sie herum tanzten, bis die Eltern nachkamen. Der böse Wolf ging um. Und da tauchte er auch schon auf. Hänsel und Gretel liefen davon, die Eltern ihnen nach, aber der böse Wolf holte sie alle ein. Seine Worte hörten sich fremd an, polnisch vielleicht? Und er stellte etwas vor sich nieder, was er mit sich getragen hatte. Wie angewurzelt standen nicht nur die Riesen, sondern auch die Kinder da. Der Fremde bückte sich, und als er sich erhob, hielt er etwas in Händen, das allen die Rede verschlug. Ehe noch jemand zu Wort kommen konnte, drückte er den beiden Kindern eine kleine Tafel Schokolade in die Hand und verschwand auf Nimmerwiedersehen.

Nun wussten alle nicht, wie ihnen geschah. Eine dünne Hülle nur trennte die Kinderfinger von dem dunkelbraunen Inhalt, eine halbe Gehstunde sie von ihrem Zuhause – Zeit genug für die kostbare Gabe, in den warmen Händen von einer festen in eine weichere Form überzugehen. Daran mochten die Eltern wohl gedacht haben, als sie den Weg am Fluss verließen und die Straße entlangschritten, vorbei an einer endlos langen Mauer, an deren Anfang und Ende die Knusperhäuschen standen. Aus einem der beiden musste der Fremde gekommen sein, Hänsel war sich da ganz sicher, und Gretel vermutete ganze Berge von Köstlichkeiten hinter den geschlossenen Fenstern der Steinhäuschen mit den aufgemalten Regenbogen. In geschwisterlicher Eintracht klammerten sie sich an diese Vorstellung wie auch an das, was sie da nun mit sich trugen und woran sie am liebsten geknabbert hätten. Warm wurde ihnen ums Herz! Nicht so den Eltern! Auch wenn Hänsel und Gretel in der grauen Wirklichkeit auf andere Namen hörten und auch nicht Märcheneltern ihr Eigen nennen konnten, so hatten diese, die zwar dankbar das Geschenk des Friedens angenommen hatten und sich dennoch hungernd und frierend durch das neue Leben schlugen, mit den Märcheneltern die Sorge um das tägliche Brot gemeinsam sowie auch die um die täglichen Kohlen, ganz zu schweigen von jener um den weihnachtlichen Gabentisch. Bis zum Fest waren es noch viele Tage. Der Himmel hatte in wundersamer Weise in elterliche Nöte eingegriffen, doch zu früh, oder gar versehentlich?

So kam es, dass man Hänsel und Gretel ihrer Gaben beraubte, ihnen jedoch diese für das Fest und bei entsprechender guter Führung wieder in Aussicht stellte. Das Christkind prüfe nun einmal die Geduld der Kinder und zeige ihnen verheißungsvoll, was sie da für ihren Glauben und ihre Opferbereitschaft erwarten würde – eine kleine Tafel Schokolade! Von einer Prüfung solcher Art hielten Hänsel und Gretel nur wenig. Wenn sie auch nicht den Beschluss fassten, sich im Wald zu verlaufen, um dort Hexen ihre Aufwartungen zu machen, so waren sie doch nicht mehr willens, das strenge Verbot, von Fremden etwas anzunehmen, zu befolgen. Alles hätten sie nun angenommen, von wem auch immer. Den bösen Wolf gab es doch nur im Märchen. In der Wirklichkeit ging er aufrecht – wie Menschen auf zwei Beinen – und beglückte Kinder mit leckeren Dingen, die er mit sich trägt.

Lange noch suchten sie Straßen und Wege nach guten Geistern, von welchen sie sich plötzlich verlassen fühlten, ab, allein sie sollten sich nicht mehr zeigen. Auch nicht der Fremde! Die Knusperhäuschen blieben weiterhin geschlossen, wie sehr man auch daran roch, rüttelte und sich die Fingerknöchel wund schlug. Zu Hause war man immer willkommen, da wurde einem aufgetan, und wohlig warm war es dort auch. Die Kinder achteten dessen nicht, zu sehr schmerzte sie, was man ihnen vorenthalten hatte, vielleicht auch niemals wieder zurückbekam. Der Fremde fragte nicht lange, er schenkte. Was ist das nur für ein Christkind, das Bedingungen stellt und sich gar mit Eltern verbündet? So verkrochen sie sich Abend für Abend in der Welt ihrer Träume und schufen sich darin ihren eigenen Himmel.

Mit dem Fest aber kam der Glaube an die Eltern und die himmlischen Mächte in vollem Glanz zurück. Der Duft von Tannengrün und Kerzen mischte sich mit dem, der da aufstieg aus zwei kleinen bunten Tellern, die unter dem Christbaum lagen. Ein unversehrtes Täfelchen befand sich auf dem einen – und auf dem anderen? Es gibt einen Himmel, dachten die Eltern, als erstmals wieder nach langer Zeit Glocken des Friedens zur Mette läuteten. Es gibt ein Christkind, dachten die Kinder, denn wer sonst als dieses konnte in seiner Allwissenheit gewusst haben können, wessen Schokolade zu wem gehörte, wo doch die Hülle von einer an einer Ecke ein Löchlein aufwies und den Blick freigab auf das köstliche dunkelbraune Innere, in welchem nur zu deutlich der Abdruck eines Milchzahnes zu erkennen war ...

In den Kinderjahren geht die Zeit der Märchen um, und einmal ist diese auch um. Aus Hänsel und Gretel werden Menschen wie du und ich, aus den Riesen mannshohe Bäume, und in den Knusperhäuschen wird feilgeboten, was das Herz begehrt. Am Ausgang steht stets die Kassa. Dort ist zu zahlen, für alles, früher oder später ...

Unten am Fluss aber raunt und rauscht es noch immer so geheimnisvoll wie ehedem, besonders in den Nächten, wo die stummen Riesen ihr Schweigen brechen und künden vom kleinen Wunder, das einmal da geschehen war in einer Zeit des Darbens, auf dass in Zeiten, wo einmal Milch und Honig fließen würden, man nicht achtlos vorüberginge an dem großen Wunder, das einstmals sich zugetragen hatte zum Wohle aller Menschen, die guten Willens sind.

Alpenstraßenkinder

Aus der Vielzahl von Straßen in Dörfern und Städten gibt es eine, die recht hässlich ist. Das war nicht immer so, doch die Kindeskinder wissen nichts mehr davon. Noch jung an Jahren dazumal, führte sie weit hinaus ins Grüne. Bald schon hinterließen Panzerketten ihre Spuren auf dem Beton. Schamvoll verbirgt sie nun ihr Angesicht auf dem Weg nach dem Süden der Stadt. Ein Fluss weicht nicht von ihrer Seite und hält doch Abstand zu ihr.

Nichts wissen die Kindeskinder über Morgennebel, die herübergekrochen kamen von der nahen Allee und an ihren Ufern lagerten, bis die Sonne über sie herfiel. Nichts vom anderen Nebel, der aus der Maschine kam und über die Sonne herfiel und übel roch und die Straße verhüllte, damit die schweren Silbervögel sie nicht fänden. Nun fällt ein Blechwurm über sie her, und seine Stoßstangen strecken ihre Fangarme nach überallhin aus. Die Kindeskinder atmen die Luft einer anderen Zeit.

Damals war der Blick auf die Berge noch unverstellt – ihre abendrote Glut entflammte die Häuser, der gleißende Firn kühlte sie wieder, und nur die fremden Gefährte, die man nun auch zu sehen bekam, erinnerten an eine böse Zeit, die irgendwann hinter der Straße lag, wie auch die aufgemalten Regenbögen rings um sie.

Noch immer stehen drei Eichen an einer der Straßenseiten Spalier – Stammbäume früherer Salzachauen, und ihr Laub, mit Schwertern versehen, schütteten sie in die Wiege derer, bei welchen die Zeitrechnung begann, als die Sirenen über die Lande heulten, und die man später aufhetzen würde, gegen ihre Väter zu Felde zu ziehen. Sie sollten versäumt haben, sich aufzulehnen gegen Verführer, die ihnen Arbeit gaben und ein Dach über den Kopf an der Straße unter den Bäumen und dort auch auf die Keller nicht vergaßen, die sie schützen sollten. Eltern und Kinder vergaßen diese nicht und auch nicht die Stiefel, zu denen die Kleinen aufschauten und die Großen ihre Ehrenbezeugung zu leisten hatten, die nur Unheil brachte.

Damals warf man vieles ab – auch auf die Straße. Da wurde es lebendig auf ihr. Man misstraute den Kellergewölben und floh dorthin, wo das Nass von den Felswänden tropfte und die Ratten huschten über alles hin. Aber man hoffte – auf ein Wiedersehen mit dem heilen Dach und mit jenen, die auf dem Felde lagen und hungerten und froren wie sie.

Aber der Sieg blieb aus, und der Fluss quoll aus den Bergen bis hin zur Stadt und lief neben der Straße her, als wäre nie etwas geschehen. Manches fand wieder zusammen, was auseinandergerissen wurde. Von den Schlachtfeldern zurückgekehrt – längst nicht alle und oft mit Verspätung –, fand man nichts mehr so vor wie es war. Dennoch streuten im Vorland der Berge die Weizenfelder ihre helles Gelb wieder über die Fluren, auch wenn nun viele auf der Straße standen – Kuckuckskinder in fremden Uniformen hatten sie aus dem Nest geworfen, und so stahl man die eigenen Tische und Stühle und Kinderbetten wohl auch.

Frauen wuschen der satten Brut die Wäsche für Brot und Schokolade. Teddybären in verwaisten Kinderzimmern staunten schwarze Gesichter an, und die weißen Zähne darin blitzten mit den Kinderaugen um die Wette, wenn man zu trinken reichte, was aussah wie perlfrische dunkle dünne Milch.

„Wer fürchtet sich vor dem Schwarzen Mann?" spielte man unter den Eichen, und die „Schwarze Köchin", nach der man suchte, war nach Essbarem unterwegs und irrte durch die Schar derer, die uniformiert in Reih und Glied standen mit ihrem Geschirr und ausfassten, wonach knurrenden Kindermägen zumute war. Es war ein Versteckspiel unter den Eichen, und die mächtigen Stämme verschwiegen so manchen schmächtigen Schatten ...

Die Milchzähne fielen aus, und alle Schultaschen waren grau in grau. Die Straße zu überqueren war ein Abenteuer auf Leben und Tod. Nirgendwo blinkten Ampeln, die Freiheit lauerte überall. Das Gastspiel der Fremden in den beschlagnahmten Häusern ging auch dem Ende zu – auf der Straße dauerte es noch an für einige Zeit. Schwere Räder rollten darüber und überrollten auch junges Blut, das nicht zur Seite sprang im rechten Augenblick. Doch das Obdach nannte man wieder sein Eigen, und die Puppen bekamen Zuwachs zu den Festen, und das Eichengeäst ächzte leise unter der Last eines friedlicheren Schnees.

Bald verblassten auch die Regenbögen an den Mauern. Die Ahornbäume an den Straßenrändern grünten und färbten sich und schenkten den Kindern die Früchte und auch die Käfer, die da krochen und flogen von der einen Seite zur anderen, als hätte es die schrecklichen Jahre zuvor nie gegeben.

„Die Glocken der Heimat" riefen, fett gedruckt an Mauern geklebt, die Großen zu den Urnen, während die Kleinen die Märchenbücher mit der Fibel tauschten. Ein anderer Regenbogen stahl sich aus den abziehenden schwarzen Gewitterwolken und spannte sich über die Drachen, die hoch in die Lüfte stiegen aus den Wiesen diesseits und jenseits der Straße. Auch Silberfäden, vormals noch von Kindern aufgefangen, weil sie vom Himmel fielen und das Fest der Feste vortäuschten, blieben nun auf dem Baum der Bäume hängen, wo die Kerzen des Friedens allen wieder Hoffnung machten. Der Osterhase kam wieder über die Straße gehoppelt und zeichnete nun die Planquadrate neu für seine Vorhaben ein. Wenn auch sein Warenlager noch zu wünschen übrig ließ – man wanderte südwärts die Straße entlang bis hin zu den Auen und kehrte mit Blumen wieder, die es in Fülle zu finden gab.

Die Straße hatte auch ihre Gesetze – es war nicht ohne Bedeutung, wo man sein Zuhause hatte. Ihr trennendes Band erfasste auch die Alpenstraßenkinder, die sich zusammenschlossen diesseits und jenseits der Ufer, um zu zeigen, wer das Sagen hatte. Der Blick zu den Bergen verdunkelte sich mehr und mehr. Lärm stieg auf aus neuen Gruben, obwohl man die alten zugeschüttet hatte, und Mauern wuchsen empor, und das Grün der Wiesen ging alsbald im Grau hoher Häuser unter.

Unbeachtet blieben nun die Früchte der Eichen liegen. Früher sammelte man sie ein, um sie gegen klingende Münze zu tauschen. Vergessen war der Blick auf den Zeiger der Waage, der die Kinderherzen höher schlagen ließ, wenn er nach oben schnellte. Alles jedoch vergaß man nicht – noch immer bluteten inwendig so manche Wunden, aber man kehrte nichts mehr nach außen. Der Fluss stellte sich an seinen Böschungen mit Sandbänken ein, dass die Schlitten heil zum Stillstand kämen nach steiler Fahrt hinunter zum Wasser. Die Straße sparte Reste von Schnee, dass die Kufen ein besseres Gleiten hätten, wenn die Kinder sie auf dem Heimweg überquerten nach den Freuden eines Wintertages.

Ein kirchlicher Würdenträger ging damals schon der Straße aus dem Weg und wich auf das Flussufer aus, wo er seine Gebete sprach, die niemand hören konnte. Den Hirten, der sich unter dem dunklen Mantel verbarg, sah man ihm nicht an. Hätte er Mütze und Stab bei sich gehabt, die Kinder würden ihn für den Mann gehalten haben, zu dessen Kommen sie ihre Schuhe damals noch putzten und vor die Türe stellten, dass er sie anfüllte – nicht nur mit der Rute. Der Glaube daran war damals noch hellwach. Es war eine Zeit, wo Antennen noch nicht aus den Häusern wuchsen und Märchen umgingen in den Stunden der Dämmerung. Und die Straße lauschte allem, wenn sie ihre Laternen entzündete und das Licht an jene verschenkte, denen sie ein Zuhause war. Dann musste die Straße ihre Bäume lassen und der Fluss die Schotterbänke und auch seine Farbe. Die fremden Gefährte verloren sich mehr und mehr – man hatte nun eigene. Die Schulwege wurden länger, man fuhr mit dem Rad oder nahm den Bus. Auf den Gehsteigen der Straße wachte das Auge des Gesetzes, auf dass alles seine Ordnung hätte. Noch ließ die große Freiheit auf sich warten. Der Tag aber sollte kommen, wo man sie verkündete.

Da füllten sich Augen mit Tränen, als man die frohe Botschaft vernahm, und auch der Himmel goss ein freudiges Nass über die Straße, dass sie noch dampfte für eine lange Weile. So wurde es endgültig licht nach einer Zeit der Dämmerung, die der Finsternis gefolgt war. Das Feuer des Aufbruchs knisterte auch in den Herzen der Alpenstraßenkinder. Viele nahmen Abschied von den Eichen. Die einen früher, die anderen später.

Abschied und Wiederkehr schlossen den Kreis. Die leeren Nester füllten sich wieder, und die Kindeskinder sehen nun alles mit anderen Augen. Für sie ist da kein Unterschied, ob das, was an ihre Ohren dringt, von der Straße herrührt oder vom Fluss oder von den Bäumen, die wie immer ihr Laub bekommen und dieses wieder abwerfen, wenn es Zeit dafür ist. Ihrer Früchte achtet man nicht – auch nicht dessen, dass ihre mächtigen Blätterkronen das neue Grün des Flusses widerspiegeln. Alles ist selbstverständlich geworden. Vergangenes ist vorbei – ist Geschichte. Man schaut nach vorne. Die Zukunft steht an ...

Der Sulingpumpenbaum

Muntigl ist ein Ort in den Salzburger Vorlanden – der Schauplatz meiner wilden Spiele von einst! Eines von diesen, nämlich „Stadt und Land" mit Namen, das ich fälschlicherweise in meinem damaligen noch nicht erwachsenen Zustand für ein Kinderspiel hielt, musste ich unterschätzt haben ...

Es kann doch wirklich keine Kunst sein, sich Namen von Städten, Bergen, Ländern, Flüssen, Seen, Blumen, Tieren und dergleichen mit bestimmten Anfangsbuchstaben einfallen zu lassen. Oder? Durch das Aufsagen des ABC, dessen man allerdings kundig sein musste, wurde der Buchstabe ermittelt, der dann ins Spiel gebracht werden sollte. Da dieser Vorgang im Stillen erfolgte, war jegliche Überprüfung, ob die alphabetische Reihenfolge auch eingehalten wurde, ausgeschlossen. Geschwindigkeitsbeschränkungen dafür gab es auch nicht. So verwunderte es oft, dass die Wartezeiten, denen die Mitspieler durch Zuruf ein Ende zu setzen hatten, mitunter in keinem angemessenen Verhältnis zu den Buchstaben standen, die dann ins Spiel gebracht wurden. Einmal war man nach kurzer Zeit schon bis zum Z vorgedrungen, ein anderes Mal riss nach endlosem Zuwarten die Buchstabenkette schon bei F. Da ging es wohl nicht immer mit rechten Dingen zu. Wie dem auch gewesen sein mag, in meinem unerschütterlichen Kinderglauben an die Ehrlichkeit der Menschen kümmerte ich mich nicht darum, da keiner der sechsundzwanzig Buchstaben mich in Verlegenheit bringen konnte. Was ich da an Flüssen, Seen, Bergen, Städten und dergleichen mehr aus meinem Kopf zauberte, blieb selbst mir ein Rätsel.

Noch glaubte ich nicht daran, dass man von Spielen solcher Art blaue Flecken davontragen konnte. Schließlich spielte man mit Köpfchen, wie ich irrtümlich meinte, nicht aber mit Fuß und Faust – und schon gar nicht mit Herz. Vor der Stadt „Xaverheim" und dem Land „Ypsolonien" erstarrte das jugendliche Landvolk in Ehrfurcht, und irgendwann musste dieses auch zur Einsicht gekommen sein, dass man Bergheim nur der eintürmigen Kirche wegen nicht zur Stadt erheben und somit gelten lassen konnte. O, über Kirchen wusste ich Bescheid und auch über Kuppeln. Das sollte ich büßen. Ungestraft kommt kein Stadtkind davon, wenn es nicht die Kirche im Dorf lässt. Wozu gibt es Spielregeln! Nicht immer sind diese gerecht. Ausgerechnet der Himmel scheint es, zumindest, was die Verteilung seiner Abwürfe über Stadt und Land angeht, damit nicht so genau zu nehmen, sodass sich ein Stadtkind nur wundern kann, welches Aufhebens auf dem Lande gemacht wird, wenn ein Unwetter aufzieht oder sich gar einige Hagelkörner unter Regentropfen verirren. Niederschläge dieser Art hätten weder der Kuppel eines Domes noch den Häusern einer Stadt etwas anhaben können.

Diese meine noch unerwachsenen Überlegungen behielt ich aber vorerst noch für mich, redete munter den Kindern dort den „Sulingpumpenbaum" als eine pflanzliche Rarität ein und kümmerte mich nicht um ihre ganz offen zur Schau getragenen Zweifel hinsichtlich meiner Weisheiten. Im Gegenteil, ich beharrte in meinem noch unerwachsenen Zustand auf dieses botanische Exemplar von einem Baum, der mit dem neunzehnten Buchstaben des Alphabet anfängt und ganz in der Nähe eines Bauernhofes sowie einer Bahnstation auf einem Hügel noch immer zu finden ist. Der Preis dafür aber, ihn als Baum mit dem schon erwähnten Anfangsbuchstaben in Ermangelung des Wissens um andere Bäume ins Spiel bringen zu dürfen, wäre die Anerkennung des Morgenlandes als Land mit dem dreizehnten Buchstaben des Alphabets gewesen. Das kam aber für mich nicht in Frage. Man gab schließlich nach – das Spiel ging weiter, und was mich betraf, so war ich längst in ein „Blinde-Kuh-Spiel" hineingeraten und wusste es nur nicht. Was weiß denn ein Stadtkind schon von Kühen? Noch dazu von blinden ... Schlimm genug, dieses gehörnte Vieh tagtäglich um mich herum ertragen zu müssen. Nie war man sicher vor diesen Tieren und dem, was sie auf Schritt und Tritt hinterließen – von den dummen zweibeinigen ganz zu schweigen. Über diese verlor ich sicherheitshalber kein Wort. Sie waren imstande, auch Muntigl zur Stadt zu erheben. Mein verständnisloses Kopfschütteln darüber deuteten sie selbstverständlich falsch. Meine Ausführungen über städtische Merkmale entlockten ihnen Blicke, wie sie ihre vierbeinigen Artgenossen an sich hatten, wenn sie mich anglotzten. Unbegreiflich, dass sich der Bauer, dem dieses Vieh gehörte und der mich für einen Sommer lang in Obhut nahm, „Überfuhrbauer" nannte, wo doch weit und breit kein Kahn in Sicht war. Die Andächtigkeit, mit welcher sie nun meinen Reden über städtische Mindestausstattungen lauschten, versöhnte mich wieder, obwohl sie mich rückblickend besser hätte stutzig machen lassen sollen.

Das Gehöft, wo ich die ersten Ferien meines Lebens zubrachte, steht, wenn auch bis zur Unkenntlichkeit aus- und umgebaut und ohne die damalige Freitreppe, noch immer. Herr dieses Hauses mit Familie und Gesinde war der schon erwähnte Landwirt ohne Schiff. Da war nur der Fluss, in welchen ein anderer mündete. Dass dieses Flusspaar sich von hier aus nun seinen Weg zum Schwarzen Meer bahnte, beeindruckte mich sehr, die Landkinder weniger. Ihnen war es einerlei, wohin die Reise des Wassers ging, auch die Farbe des Meeres schien ihnen nicht von Bedeutung zu sein. Ob ich mich in dieser nicht vielleicht doch geirrt hätte? Mir gefielen auf einmal ihre Fragen nicht mehr. Ob ich schon einmal dort gewesen wäre, da ich dies so genau wüsste, bohrten sie weiter. Ich wurde unsicher – sollte ich mich vielleicht doch getäuscht haben? Ich sah keinen Grund dafür, meine Gedanken an Meeresfarben zu verschwenden, dennoch büßte die Brille, mit welcher ich das Grünland samt Zubehör betrachtete, nach und nach etwas von ihrer rosaroten Färbung ein. Schließlich versuchte man mir eines schönen Tages einzureden, dass im Wald wilde Schweine hausen würden. Gefährliche Tiere! O, so leicht hält man ein Stadtkind nicht zum Narren. Was wussten diese Kinder schon von der großen weiten Welt und seinen Meeren, nicht einmal von der Stadt mit dem Schutt und ihren Kratern hatten sie eine Ahnung. Dort, wo ich rote Wangen bekommen sollte, war alles heil geblieben, sicherlich auch die Schweine.

Und die Hähne krähten, und die Felder wogten, und es roch nach Brot – und ich aß mich satt davon.

Von jenseits des Flusses aus ist der Hühnerstall nicht mehr zu sehen, auch von diesseits nicht. Man hatte ihm den Garaus gemacht mitsamt den Hähnen und Hennen. Der Hof ist nun gut zu erkennen. Damals habe ich dort gezählt, was da muhte, gackerte, krähte und wieherte – allabendlich dann das Federvieh auf dem Gestänge des schon erwähnten Stalles, wie es da hockte. Alle Eile des Tages hatte es abgelegt und auch die Angst vor dem Fuchs. Das war tödlich – zumindest für die Hühner. Was mich betraf, so vertraute ich im Falle seines Eintreffens ganz darauf, dass er mich von dem Hühnerhaufen da zu unterscheiden wüsste. Füchse waren keine Kühe!

Über dem Hühnerstall aber braute sich bald Unheilvolles zusammen. Es leuchtete und zuckte von dort, doch das große Wetter ließ noch auf sich warten. Hühnern, davon kann man ausgehen, schlägt auch ohne Donner und Blitz und Fuchs die Stunde. Das hätte auch ich wissen müssen, ehe es krachte. Ich konnte eins und eins zusammenzählen, dachte ich wenigstens in meinem noch unerwachsenen Zustand, doch irgendwann war ich mit meiner Zählkunst am Ende, so bediente ich mich der Erzählkunst und meldete wortreich, dass alle Hühner unter Dach und Fach wären, und kam mir dabei sehr erwachsen vor, denn nur von Hennen, nicht aber von einem Hahn war meine Rede.

Des Nachts aber schrie der Waldkauz in mein Gewissen, und der Vollmond grub sich grell in meinen Schlaf. In der Dunkelheit des Hauses tappte ich suchend umher, fand mich dann irgendwann zwischen Brotlaiben und Mehlsäcken wieder und weckte schließlich mit meinem Rumoren das Bauerngesinde. Plötzlich wurde es Licht. Ich stand hilflos vor einer Kommode mit vielen Glasstürzen darauf und Wachsfiguren darunter. Eine davon, ein holdselig lächelndes Jesulein, musste Erbarmen mit mir gehabt haben, denn irgendwann fand ich wieder ins Bett und in den Schlaf.

Des Morgens war meine Schlafwandelei das Gespräch bei Tisch. Alles kam ans Tageslicht, und der Bauer aus dem Hühnerstall. Jetzt war ich auch mit meiner Erzählkunst am Ende, da man meine Zählkünste ernsthaft anzweifelte. Nun sollte ich ihn fortschaffen – den Hahn, der sich Tags zuvor meinen suchenden Blicken entzogen hatte. Reglos lag er da in einer Ecke. Über seine Todesursache wurde gerätselt. Ich aber gestattete mir eine Befehlsverweigerung, indem ich den Hahn liegen ließ, wo er war. Sollte er doch seinen Frieden haben, wenn sich schon über dem meinen düsteres Gewölk zusammenbraute. Ein fernes Donnergrollen ließ mich aufhorchen. Aus dem „Stadt und Land"-Spiel würde doch nicht bitterer Ernst werden? Ich hörte den Zug, der sich mit seinem Kommen an die Spielregeln des Fahrplanes hielt. Sein Pfeifen erreichte nicht nur meine Ohren, sondern auch mein Herz, das heftig pochend Lebenszeichen gab, obwohl ich mir Heimweh strengstens verboten hatte. Eines nach dorthin, wo es keine Hühner gab, keine Füchse und keinen zum blitzblauen Himmel stinkenden Mist, den man hier baut.

Der Mensch lebt nicht vom Brot allein, auch nicht von glücklich gackernden Hühnern und deren Eiern. In meinem noch unerwachsenen Zustand dachte ich noch anders. Ich schätzte den Überfluss, der sich da überall vor mir auftat – ob auf den Bäumen oder in den Kammern, die voll waren mit Dingen meiner Begierde. Nicht zu vergessen die Fülle an Freiheit. Einerlei, wo ich herumkraxelte oder auf Entdeckungsreisen ging – ich war frei, wie ein Vogel nur frei sein konnte. Ich lief barfuß – keine besorgten elterlichen Blicke, keine Ermahnungen bezüglich herumliegender Glasscherben, nichts! Auch Gewitter haben die lobenswerte Eigenschaft, sich schnell wieder zu verziehen. Bis es so weit war, saßen die Bauersleute um den Tisch unter dem Herrgottswinkel und beteten und lauschten hinaus und zuckten zusammen und atmeten erleichtert auf, wenn sie beim Gang über die Felder danach alles wieder heil vorfanden. Was sollte denn schon geschehen? Ich wusste, was es hieß, aus dem finsteren Stollen nach Hause zurückzukehren und zu sehen, was angerichtet worden war nach

dem großen Krach, der dem von Gewittern in nichts nachstand. In meinem noch unerwachsenen Zustand wollte ich nicht begreifen, was es mit dem täglichen Brot, dem ich dort reichlich zusprach, auf sich hatte. Erntearbeiten hinterließen keine bemerkenswerten Spuren in mir, sie waren für mich Spiel wie alles dort.

Der Hof, zwischen dem Fluss und den Bahngeleisen nebst Haltestelle gelegen, lag inmitten eines Obstgartens, der reichlich Früchte zu tragen versprach, was man von meiner Erzählkunst nicht mehr sagen konnte. In dieser Hinsicht war ich abgemeldet, und Schuld daran trug ein Hügel jenseits der Bahngeleise, den der schon erwähnte Sulingpumpenbaum noch immer ziert. Die Namensgebung vollzog sich in meinem bereits erwähnten unberechenbaren Kopf anlässlich eines „Stadt und Land"-Spieles und nach einer wahren Begebenheit mit unrühmlichem Ausgang. Sein anrüchiger Name, entsprungen aus einem ebensolchen Inhalt, den man landläufig auch als Gülle oder Jauche bezeichnet, kann nur von ländlichen Ureinwohnern so recht begriffen werden.

Seite an Seite mit diesem Baum wird alles überschaubar, worauf man ein Auge wirft. Nichts kann sich dort suchender Blicke entziehen. Nichts, was da kreucht und fleucht – schon gar nicht eine landwirtschaftliche Neuerwerbung, die ihren Weg zu Füßen des „Sulingpumpenbaumhügels" bis hin zu dem Gehöft meines Aufenthaltes nehmen würde. Diesmal dürfte ich mich einmal nicht verrechnet haben. Ein Bauernsprössling vertraute mir blind und pilgerte mit mir auf den besagten Hügel hinauf. Dort harrten wir des Dinges, das da kommen sollte – harrten der Ankunft einer Pumpe, deren Inhalt mit der Bezeichnung des Baumes in engstem Zusammenhang stand. Rot sollte sie sein und ganz und gar nicht zu übersehen. Aber was nicht daherkreuchte, das war die Pumpe. Wohin nur mochte sie entfleucht sein?

Das endlose Warten und die Langeweile, die aufkommen musste, machte aus dem kleinen Bauernknirps neben mir zwar keinen Feldherrn, obwohl er ständig nach irgendetwas Ausschau hielt, wohl aber einen Jäger, der mich das Fürchten zu lehren versuchte. Ich hatte auf seine Anweisung hin – einem Wildschwein gleich – auf allen Vieren zu kriechen. Da ich als Fleißaufgabe auch noch grunzte, was von ihm scheinbar als abartig, die Angstlaute eines wilden Schweines betreffend, empfunden worden sein musste, näherte sich der Lauf seines Holzprügelgewehres gefährlich meiner Herzgegend. Er war fest entschlossen, mich mit einem Blattschuss niederzustrecken, sodass ich es vorzog, nun auf zwei Beinen diesem zu entkommen. Merkwürdig schon, wie schnell aus einem Tier wieder ein Mensch werden kann. Meistens ist es umgekehrt. Ich war auch nun nicht mehr willens, die „Blinde Kuh" zu spielen. Das aber nahm der „Hornochse" neben mir nicht hin, und blitzschnell schlüpfte er in die Rolle eines gestrengen Forstmeisters – meine tags zuvor begangene Baumschändung aufs Korn nehmend.

Nicht, dass ich mich am Sulingpumpenbaum vergriffen hätte! Dieser gehörte und gehört hinsichtlich seines Blattwerkes noch immer zur Gattung der Laubbäume. Meine Missetat, über die nun Gericht gehalten wurde, betraf jedoch die Verunstaltung eines Nadelbaumes, genauer gesagt einer kleinen Tanne, die sich aus unerfindlichen Gründen unter haushohen Buchen niedergelassen hatte – in einem Wäldchen unweit des Hügels, wo wir nun unschlüssig einer Pumpe wegen standen, die keinerlei Anstalten machte, in unseren Gesichtskreis zu treten. In seiner verständlichen Gereiztheit versuchte der Knabe nun meine Aufmerksamkeit auf jenes Geschehen zu lenken, das mich bei etwaigen Nachforschungen des leibhaftigen Försters dieser Gegend in gehörige Bedrängnis hätte bringen können. Dass ich die Last des alleinigen Sündenbockes hinsichtlich des Baumfrevels zu tragen hatte, machte er mir nun unmissverständlich klar. Wer sonst als ich sollte auf den glorreichen Gedanken gekommen sein, einen Tannenbaum mitten im Sommer auf weihnachtlichen Hochglanz zu bringen. Als ob sich Bucheckern, Kornähren, mit Jausenbrotpapier verpackte Steinchen, Heu und was sonst noch alles von selbst auf die Äste hängen würden. Der Schreck des Försters wäre bei einer etwaigen Entdeckung desselben nur zu verständlich gewesen – ganz und gar verständlich auch die heiße Spur, die punktgenau zu mir geführt hätte ... Die Aussicht, mich zu verraten, wenn ich mich nicht augenblicklich wieder als wilde Sau auf allen Vieren niederlassen würde, war alles andere als rosig!

Die Sonne stand schon hoch und stach auf uns herunter. Die Schattenspenden des Sulingpumpenbaumes wurden spärlicher, die Kindermägen knurrten. Sonst war es unheimlich still und nirgendwo etwas zu erspähen, was nur annähernd dem Ding ähnelte, worauf wir schon so lange warteten. Die Jungfernfahrt einer nigelnagelneuen rot lackierten Sulingpumpe, das Ereignis in dieser Gegend, wo Fuchs und Hase sich ansonsten eine „Gute Nacht" sagen, fand nicht statt. Die Pumpe konnte sich doch nicht in Luft aufgelöst haben. Von unserer Feierlichkeit, wie sich diese für einen solchen Anlass gehörte, blieb nicht mehr viel übrig. Nirgends eine Spur vom Traktor, der sie an Land ziehen sollte. Was da wohl schiefgelaufen war?

Wir traten den Heimweg an. Gewitterwolken zogen auf. Die Entladung derselben war nur mehr eine Frage der Zeit. Unsere Abwesenheit hatte allen auf den Magen geschlagen. So blieb noch etwas vom Mittagsmahl, doch den Kreuzverhören entgingen wir nicht. Die Geschichte von der sich in Luft aufgelösten Sulingpumpe samt Baum und Hügel mit Aussicht auf das weite Land nahm man uns nicht ab. Und mir schon gar nicht! Am liebsten hätte ich dem knallroten Trumm, das da protzig im Hof stand und ausgiebig begafft wurde, statt anständigerweise das Geheimnis seines rätselhaften Auftauchens preiszugeben, einen Fußtritt versetzt. Die Schleichwege, die es gekommen war und die sich den Einblicken vom besagten Hügel her entzogen hatten, hätte ich nur zu gerne gewusst. Warte, dachte ich böse, bis man dich anfüllt, dass es dir bis zum Halse steht, dieses scheußliche Zeug, dann wird dir schon noch das Hören und Riechen vergehen, wie mir jetzt. Es wird dich lehren, noch einmal auf so eine unsichtbare Weise hier zu erscheinen. Und so wünschte ich ihr den Untergang. Doch sie blühte auf – trotz des übel riechenden Inhalts, den sie nicht nur gierig in sich aufnahm, sondern, randvoll mit diesem, wieder freudig erregt von sich gab ...

Wenn jemand unterging, dann war das ich. Hochmut kommt vor dem Fall! Das „Stadt und Land"-Spiel nahm nun Formen an, denen ich mich nicht mehr gewachsen fühlte, obwohl ich mir nur allen erdenklichen Mut zusprach, als ich da so mutterseelenallein entlang des Flussufers dahinstapfte. Die große Hürde stand mir noch bevor – der Wald! In grausamer Weise hatten mich die Landkinder meinem Schicksal überlassen. Die, denen ich beim Spiel doch das Morgenland eines Tages großzügigerweise als Land mit M durchgehen ließ, hatten mich schmählich im Stich gelassen. Nun, da ich das zweifelhafte Vergnügen hatte, die Kirche von Bergheim im Alleingang ausfindig machen zu müssen, sah ich ein, dass es ein Fehler war, mit dem großen Dom der Stadt anzugeben und seinen erbärmlichen bombenbeschädigten Zustand in schamhafter Weise zu verschweigen. Ich sah den Wald vor lauter Bäumen nicht. Irgendwo war da ein fernes Glockengebimmel – ein jämmerliches, wie mir schien, doch mir war nicht mehr danach, etwaige Vergleiche hinsichtlich städtischer und ländlicher Geläute anzustellen.

Das Jesulein unter dem Glassturz auf der Kommode in einer der Kammern des bäuerlichen Hauses, von welchem ich mich schon weit entfernt hatte, musste doch bemerkt haben, in welchen Nöten ich nun war. Ich kämpfte mich durch Gestrüpp, fand den Baum wieder mit den Narben des Blitzschlages nach einem der großen Donnerwetter. Das war schon etwas! Nun aber befiel mich auch noch die große Angst vor den wilden Schweinen, die nicht grunzten und die es vielleicht doch gab in dieser schrecklichen Gegend. Sollte ich ihnen schutzlos ausgeliefert sein? Vielleicht fiel ich sogar unter die Räuber, von denen man sich erzählte in der Bauernstube unter dem Herrgottswinkel?

Ich schwebte in Lebensgefahr, das sagte mir mein heftig schlagendes Herz. Gute Nacht! Und das schon am helllichten Tag! Hier unter Hasen und Füchsen sollte ich mein Leben aushauchen? Und meine Lieben zu Hause in der Stadt? Sie wussten nichts von meiner Not. Vielleicht würden sie mich nie mehr wieder zu sehen bekommen, und auch ich sie nicht. Ich schluckte und kämpfte mit den Tränen. Unbeirrt pfiff der Zug von irgendwo her.

Ohne jegliche Belästigung von wildem Getier zog ich unter dem Jubelgeläute der Glocken der Kirche zu Bergheim durch das Tor und fiel erschöpft in die feierliche Stille, genauer gesagt, in den nächstbesten freien Betstuhl, ganz in die Dankgebete für die Errettung aus höchster Not hingegeben.

Mitten in meine Andacht hinein, in welcher ich auch überlegte, Bergheim seiner unbeschädigten Kirche wegen beim nächsten Spiel einfach auch als Stadt gelten zu lassen, gewahrte ich ein Rücken und Raunen und ein Gebell, als wäre nun zwischen den Messgesängen der Keuchhusten ausgebrochen. Da war ein Gescharre und Gegackere wie sonst nur in einem Hühnerstall – ein Verhalten, das einem solchen Orte alles andere als würdig war. Das Gekicher über mich brach auf dem Nachhauseweg noch einmal aus und erreichte seinen Höhepunkt, als wir am Sulingpumpenbaumhügel vorbeikamen. Angesichts der Tatsache aber, dass die Landkinder nun keinerlei Anstalten mehr machten, mir davonzulaufen, ließ ich alles Gespött über mich ergehen. Ich sah meine Fehlleistung, ländliche Spielregeln nicht eingehalten zu haben, zerknirscht ein. Ein Stadtmädchen, das sich in eine Bank auf der Männerseite einer Landkirche verirrt, muss damit rechnen, dies bis zur Rückkehr in die Stadt stets unter die Nase gerieben zu bekommen. Wenn ich das nicht wollte, musste ich ab sofort nach ihrer Pfeife tanzen. Das war ernst zu nehmen.

Dennoch wurde kein Landkind aus mir. Ich blieb, was ich war, ein Kind der Stadt, auch wenn mir die Freiheit dort schmeckte und das Brot und der Friede, der aus den Wiesen und Auwäldern aufstieg. Der große blaue Fleck oberhalb des rechten Knies, den das Kleid gerade noch verdecken konnte, war zu verschmerzen. Die Kinder zollten mir wieder Achtung! Das war doch etwas. Schließlich war ich nicht wehleidig. Zeugnis meiner Zugehörigkeit zu ihnen war dieses scheußliche Wundmal aber nicht. Sie hatten mich da in eine böse Sache hineingeritten! Hätte ich etwas zu sagen gehabt, wäre das alles nicht passiert. Ich aber hielt mich an ihre Abmachungen. Ich wusste, sie spielten nicht mehr, sie meinten es ernst, diese Kinder, die barfuß laufen durften, so viel sie mochten, es mit dem Waschen nicht allzu genau nehmen mussten und mich in den Geräteschuppen schleppten. Ich hätte Einspruch erheben sollen, spätestens, als wir uns über Gerümpel immer weiter über wackelige steile Treppen nach oben wagten. Mein Sturz hinunter wäre zu vermeiden gewesen, hätte ich von Falltüren gewusst, die ohne Vorwarnung zuschnappen. Ihre Hinterhältigkeit war ihnen nicht anzusehen. Nun hing ich hilflos kopfüber da. Ober mir hörte ich die Stimmen der ratlosen Landkinder, die nun, allein gelassen mit meinem rechten Bein, abgeschnitten waren von der Außenwelt und auch von mir. Wie lange ich da baumelte, entzieht sich meiner Erinnerung – lange genug jedenfalls, um genug zu haben von diesen wilden Spielen. Irgendwann entschlossen sich dann die über mir, weniger meinen Fall, jedoch ihre Flucht vor Augen habend, mit vereinten Kräften die Falltüre zu heben. Verraten wurde nichts.

Auch der Bauer fiel, noch tiefer als ich, nicht auf seinem eigenen Anwesen. Ein Sturz vom Heuboden auf die Tenne in Ausübung nachbarschaftlicher Hilfeleistung ist ein böser Streich des Schicksals. Ich war mit besagtem blauen Fleck und brummigem Kopf für eine verbotene Tat davongekommen. Aber der Bauer?

Davon wusste aber noch niemand, als die Vorbereitungen für meine Rückkehr vom Land in die Stadt in vollem Umfange anliefen. Der Zug pfiff, hielt und brachte meine Lieben daher. Auf sie war Verlass. Infolge der Abwesenheit der Bauersleute konnte ich nun berechtigte Hoffnungen hegen, ohne Auflistung meiner Schandtaten in Frieden ziehen zu können. So erachtete ich mein „Stadt und Land"-Spiel, wenn schon nicht für gewonnen, so doch auch nicht für gänzlich verloren. Doch das Schicksal wollte es, dass ich diesmal die Rechnung ohne die Bäuerin machte, die da plötzlich wie der Blitz aus heiterem Himmel in Erscheinung trat. Aus der Art, wie sie sprach und an den nicht zu übersehenden rot geweinten Augen konnte ich, die ich mich vorsichtshalber in eine Ecke verdrückte, in meinem noch unerwachsenen Zustand erkennen, dass da etwas geschehen sein musste, was allen meinen Mist, den ich da gebaut hatte, in den Schatten der Bedeutungslosigkeit stellte.

Später dann, mitten in der Stadt und nach der Schwüle des Sommers, in der frischen Kühle des Herbstes – also zu einer Zeit, wo Gewittern nicht mehr danach ist, über Stadt und Land so ungestüm herzufallen, traf das Stadtkind wieder auf das Landkind vom Feldherrnhügel mit dem Sulingpumpenbaum. Lärm war um uns herum, Stadtlärm! Unter uns rauschte der Fluss. Von der Brücke aus sah man in die Richtung, wo sich dieser mit einem anderen verschwistern würde für die gemeinsame Reise zum Meer. Auf dem Weg dorthin liegt auch Muntigl und davor Bergheim. Und dorthin fuhr noch immer ein Zug. Mit diesem musste er gekommen sein. Nun war hier nichts mehr zu verbergen. Die Stunde der Wahrheit hatte geschlagen – zumindest, was den jämmerlichen Zustand der Stadt betraf. Viel Wasser würde noch den Fluss hinunterfließen müssen, bis alles hier wieder heil werden würde. Doch den Bauernknirps schien das nicht zu bekümmern, vielmehr nahm er sich so recht hilflos aus mit seinen neuen Schuhen, die es vermutlich in Muntigl nicht zu kaufen gab, aber angesichts des nahenden Winters nötig geworden waren. Er hatte auch keinen bedrohlichen Holzprügel bei sich, dafür aber seine Mutter, an welche er sich ängstlich schmiegte. Nur für sie hatte er Augen, für nichts sonst. So war alles gut für ihn inmitten der städtischen Fremde.

Und gut war auch, was seine Mutter, die Überfuhrbäuerin, zu berichten wusste. So gut, dass ich sie für ihre Botschaft zusammen mit allen Türmen und Kuppeln, den beschädigten und unbeschädigten, und dem stadtfernen holdseligen Jesulein unter dem Glassturz fest umarmt hätte, wären da nicht die vielen Menschen gewesen, die an uns vorüberhasteten, und das Getöse in meinem Herzen, das meine Worte des Glücks hoffnungslos in einem unverständlichen Gestammel untergehen ließ. Der Bauer, der Überfuhrbauer, den ich für so tot wähnte wie den Hahn, der da auf unerklärliche Weise von der Stange gefallen war, dieser Bauer lebte, war wieder heil und wohlauf. Er hatte sich nur einige Rippen gebrochen – wie der Hahn vielleicht auch, bei welchem möglicherweise Wiederbelebungsversuche infolge meiner zweifelhaften Berichterstattung eine Nacht zu spät gekommen waren.

Mit meiner Zählkunst hatte es wieder seine Richtigkeit. Ich konnte wieder, und das ohne die Zuhilfenahme jeglicher Erzählkünste, eins und eins zusammenzählen und meinen Reim auf vieles machen – glaubte ich wenigstens in meinem damals noch keineswegs erwachsenen Zustand zu wissen, wobei ich vermutlich den Hagelschlägen noch immer nicht die Bedeutung beimaß, die ihnen gebührt hätte. Und das Leben fuhr fort mit seiner Zuteilung an Überraschungen und dem, was man landläufig als Lauf der Welt zu nennen pflegt.

Den Spielregeln zufolge würde der Bauernbub aus Muntigl irgendwann die mütterliche Hand loslassen, ablassen von den einen Spielen, sich anderen zuwenden, betend immer wieder unter dem Herrgottswinkel sitzen, auf dass es die Wetter nicht zu arg trieben und ein gnädiges Einsehen hätten mit seinem Hab und Gut – stets das tägliche Brot bedenkend, während ich, dieser Sorgen ledig, eigentlich zu danken gehabt hätte damals, dass sie dieses dort mit mir, dem Stadtkind, teilten. Dass es mir bekommen hat – wie die Spiele auch –, sei der Wahrheit wegen noch angemerkt, aber auch nicht verschwiegen, in der weiteren Folge meines Lebens mit Brot und Spielen allein nicht mehr mein Auslangen gefunden zu haben ...

Päuli

Ich habe sie noch immer – die dunkelblaue Glaskugel. Sie ist von Päuli! Er hatte eine Stiefmutter, und ich hatte Heimweh. Heimweh nach dort, wo ich zu Hause war. Dort, wo ich nun weilte, in einem Land, wo es keinen Krieg gab, war alles fremd für mich: die Leute, die Sprache – auch die Arbeit, Bauernarbeit!

Es war die Zeit der Ernte! Heuernte, Kirschenernte … Man schnitt das Korn, man holte die Kartoffeln aus der Erde. Päuli erntete nicht – er war das Kind armer Leute. Er war nicht dabei, wenn ich hoch oben auf dem Heuwagen in die Scheune rumpelte. Er war nicht dabei, wenn ich mit Kartoffelknollen Zwiesprache hielt. Er war auch nicht dabei, wenn ich die Körbe, die für sie bestimmt waren, vor mir her schob und überlegte, welches Stück in welcher Größe in welchen Korb wandern sollte. Päuli hätte da nicht so lange überlegt. Wenn ich mithelfen musste, das Korn zu Garben zu binden, war Päuli auch nicht dabei. Doch tags darauf kam er immer zu den Feldern und las auf, was liegen geblieben war. Und ich sorgte meinerseits dafür, dass es da noch so einiges zu ernten gab. Ich bückte mich mit ihm nach diesen für ihn so kostbaren Ähren. Dafür teilte er mit mir seine kärgliche Jause und lehrte mich, die für mich so fremde Sprache zu verstehen. Ihn konnte ich verstehen – vielleicht, weil er so alt war wie ich und sich so hochdeutsch vorkam, wenn er „Ingen" zu mir sagte …

Da war auch noch sein hochdeutsches Heiratsversprechen, das er nicht hielt – wie auch ich meines nicht. Aber schon damals konnten wir uns mit unseren elf Lenzen nicht ganz darüber einig werden, ob wir an der Aare oder an der Salzach einmal zusammenleben wollten. War denn das Wasser nicht überall gleich – gleich gut auch für den Durst? Mich dürstete damals nach vielem, und Päuli gab mir zu trinken. Es war hell und klar, dieses Wasser, das er mir mit seinen mageren Bubenhänden reichte. Irgendjemand muss es dann einmal vergiftet haben …

Allabendlich zog ich mit Päuli den Milchkarren zur „Kasi", das war die Käserei des Dorfes. Seltsam musste sich dieses Gefährt ausgenommen haben. Die Milchkannen schlugen leise aneinander, und die Leute an der Dorfstraße stießen sich heimlich an, wenn sie uns sahen. Wir merkten es wohl, doch wir spürten noch nicht den fremden Geruch, der aus ihren Mündern kam. Ich verstand ihre Sprache noch immer nicht, Päuli schon!

Da war nicht nur der Milchwagen, den ich zog, sondern auch der Traktor, den ich fuhr. Päuli war da nicht dabei. Das war gut so, denn das Hofgesinde verspottete mich, als ich, ein Mädchen, das Ansinnen stellte, mit dieser Maschine die Heuwagen zu ziehen. Schließlich war da doch der Bauernsohn, der damit fuhr. Ich aber prägte mir alle seine Handgriffe genau und sorgsam ein. Ich fuhr! Alle staunten! Dann aber fand ich den Hebel, den ich besser nicht hätte finden sollen. So wurde ich immer schneller, und die beiden Heuwagen schwankten immer bedrohlich hinter mir her. Ich erkannte die Gefahr nicht – Päuli hätte sie gesehen ...

Päuli hatte die Gefahr gesehen. Es handelte sich aber um eine andere. Meiner Traktorgeschichte mit dem unrühmlichen Ende lauschte Päuli nur mit halbem Ohr, und das war eigentlich ungewöhnlich. Ungewöhnlich war auch, dass er kaum davon beeindruckt war, wie ich ihm darauf meine, wie mir vorkam, blitzgescheiten Überlegungen bezüglich seiner Muttersprache erläutern wollte. Meine Erklärungen zu meinen gefundenen Sprachregeln, die aus einer simplen Sprachvereinfachung hinsichtlich der Zwielaute bestanden, konnte er offensichtlich nichts abgewinnen. Vielleicht waren sie wirklich zu komisch: Bei einem „eu" spreche man ü und lasse das e weg, bei „au" lasse man nur das a weg, und im Übrigen ginge man nicht fehl, möglichst viele „li" an die Wörter anzuhängen. Was immer ich auch sagte, Päuli verstand nicht ... Ich verstand vorerst auch nicht, als er nach längerem Schweigen langsam sagte: Ingen, wir können heute Abend nicht zusammen zur „Kasi" fahren. Und dann sagte er noch, und seine Stimme erschien mir fremd: Es gibt nämlich über uns ein Geschwätz im Dorf!

Ich weiß nicht mehr, was ich damals zur Antwort gab. Ich weiß aber, woran ich dachte – an Mutters teures Porzellan und wie sie es prüfte, ob es doch wohl keinen Sprung hätte. Mutter kannte das am Klang!

Mir war, als hätte Päulis Stimme einen Sprung. Mir war, als sprächen wir nicht mehr miteinander, sondern schwatzten nur, schwatzten so wie die Leute im Dorf. Dorfgeschwätz! Kindergeschwätz! Ganz unwichtig, worüber man schwätzt, wichtig nur, dass man schwätzt!

Fremder Geruch stieg vor mir auf. Da waren nun die fremden Ohren – große Ohren, die auch hörten, was gar nicht zu hören war. Geheimnisse sind nicht für solche Ohren, sie sind für das Herz!

Päuli habe ich seither nicht mehr gesehen. Aber alles von damals liegt zuweilen noch vor mir – eingeschmolzen in einer dunkelblauen Glaskugel. Und sie ist ohne Sprung!

David

Zu dieser Zeit sah ich ihn zum letzten Mal – auch meinen Großvater väterlicherseits. Letzterer stand am Ufer der Enns und winkte zum Abschied mit einem Tüchlein. Ich saß im Zug nach Hause – im Gepäck eine Spielhahnfeder, die er mir schenkte, und eine rote Rose – die aber war nicht von ihm. Lange Zeit noch duftete diese sich durch eines meiner Tagebücher ...

Dort, wo Schienen sich neben dem Fluss durch die Berge zwängen, übten meine Vorfahren sich im edlen Waidwerk. Man erzählte von kaiserlichen Jagden, und auch davon, dass einer aus dieser Sippschaft mitgeholfen hätte, Sisi, die Traumfrau der Monarchie, vom Großen Buchstein wieder herunterzubekommen. Hinauf schien sie es ohne die Zugriffe von k. u. k. Revierjägern geschafft zu haben. Waidmannsheil und Waidmannsdank den hilfreichen Ahnenschultern! Die Räder des Zuges schlugen eintönig ihren Takt und mein Herz mir bis zum Hals. So sind Abschiede! Das Geständnis, wie sehr mein Großvater meine Großmutter geliebt hatte, wurde zu einem kostbaren Vermächtnis. Sie starb bei der Geburt meines Vaters! Wir schrieben uns noch, doch ich sollte ihn nicht mehr wiedersehen. Von dem Jüngling aber, der mir durch seine Mutter eine Rose zukommen ließ, kam alsbald eine Karte, dann noch eine und noch eine. Und unser Briefträger händigte mir diese immer nur widerwillig aus. Ich wusste, dass er alles las.

Diese eine Sommernacht lag nun schon eine Zeit zurück. Da war das Hausgärtlein, davor der Zaun und die Bank, weit unten lag das Tal, gegenüber goss der Vollmond sein Licht über die mächtigen Berge und zwinkerte uns zu. In das Zirpen der Grillen mischten sich Stimmen. Einen Steinwurf von uns entfernt sprach man über alte Zeiten. Wir aber schwiegen vorerst, ehe Worte ineinanderflossen. Da war nichts Vergangenes, nichts Zukünftiges – nur Gegenwart und traute Stille. Der laue Abendwind hüllte uns in Rosenduft. Unmerklich kam die Nacht und legte einen Mantel um uns. Den Schritt über die Schwelle der Kindheit wagten wir nicht. So blieb ein scheuer Zauber, bis man nach uns rief.

Er hatte seinen Namen zu Unrecht, glich er doch eher einem Goliath – wenn auch einem sanften, noch nicht ausgewachsenen. Er hatte Feierabend damals, und am Morgen musste er früh aus den Federn und zur Arbeit. Ich aber hatte Ferien und setzte meine Fahrt fort – nach dort, wo einst das Jagdrevier meines Großvaters lag. Dorthin verschlug es mich schon einmal, als Bomber sich über meine Heimatstadt hermachten und ihr Unheil zufügten. In die Talenge aber von Fluss und Bahn verirrten sich damals diese nicht. Sie zogen hoch oben am Himmel ihre Bahn, und die Berge warfen sich schützend über alles darunter. Dennoch traute ich dazumal dem Frieden nicht und war untröstlich, nirgendwo einen Luftschutzstollen zu entdecken. Einmal hielt ein Panzer vor dem Haus an der Enns, aber er war nur auf der Durchreise wie ich. Auf der Heimfahrt nach dieser Verschnaufpause ohne Fliegeralarm im Gesäuse schaffte es unser Zug inmitten der Kriegswirren irgendwann nicht mehr weiter. Schon einige Stationen vor unserem Ziel mussten wir aussteigen. Alles um uns herum war zerstört, auch die Brücke über die Salzach. Ich weiß noch heute, wie wir abenteuerlich im Dunkel der Nacht über behelfsmäßige Holzbauten und mit vielen hilfreichen Händen an das andere Ufer gelangten. Mein Bruder hatte es gut, der saß in einem Schlitten und wurde gefahren. Ich aber, schon etwas älter als er, zappelte daneben her – es war noch weit zu gehen und bitter kalt …

Endlich zu Hause dann, erschreckten mich wieder die schwarzen Tücher an den Fenstern, die zur Verdunkelung damals vorgeschrieben waren. Erst über ein Jahrzehnt später sollte ich wieder dorthin kommen, wo man einst dem Krieg zu entfliehen suchte für eine kostbare Weile. Nun aber war es nicht Winter, sondern Sommer. Ich erkannte alle und alles wieder. Einige Bahnstationen trennten mich jetzt von dem Abend zuvor und dem Morgen, an welchem ich zu dieser samtroten Rose kam.

Mittlerweile war es Herbst geworden. Für mich begann wieder der Schulalltag, und bald darauf war da ein Brand zu löschen, den eine Sommernacht entfacht hatte. Nicht nur er litt, seine Schreiben wurden deutlicher, das erschreckte mich. Die Vorstellung, was aus mir alles werden könnte, beschäftigte ihn, während ich keinerlei Gedanken daran verschwendete. Der Hellseher sollte Recht haben. Erwachsene bringen es zuwege, vernünftig etwas zu begraben. Warum nur ließ ich das zu? Mein Herz redete mir noch lange ins Gewissen, bis anderes auf mich einstürmte.

Irgendwann erwachte meine Liebe zu den Bergen. Ihr Schweigen verlockte mich zu reden, bis sie mir ihren Zeigefinger auf das Herz legten und ich verstand! Diese friedlichen Goliaths sollten mich lehren, wie es ist, mich mit ihnen einzulassen. Manchmal verstand ich ihre Lektion. Nicht, dass mir David seine Schleuder überlassen hätte, doch der Duft einer Rose fuhr mir zuweilen dazwischen, wenn ich mich irgendwohin verirrte. Irgendwann ließ ich es sein, die Triglav-Rose zu begehren. Längst war schon eine andere für mich da, auch wenn sie mehr und mehr verblasste. Ihre Auslöschung aber fand niemals statt.

Ein halbes Jahrhundert sollte vergehen, dass ich dem Rosenkavalier von einst wieder begegnete. Schon lange hatte er das Motorrad gegen ein Auto getauscht. Auch sonst war vieles anders. Zwei Schwäne spiegelten sich im Teich zu Füßen eines Stiftes, bei welchem wir vereinbarten, uns zu treffen. Sie schwammen aufeinander zu und trennten sich wieder. Das Grab meines Großvaters ließ sich nicht mehr finden. Ein Waidmann hatte wohl auf einem Friedhof nichts verloren, lebt er doch in seinen Wäldern und auch in meinem Herzen weiter. Das Paradiesgärtlein von einst gibt es noch immer – zwei späte Rosenblüten fanden sich darin auf einem Zweig. Riesige Bäume verstellen nun den Blick ins Tal und auf die

Berge. Die Setzlinge von damals waren in die Jahre gekommen – wie wir auch. Noch herbstete es nicht, des Sommers Zeit aber war um. Kein Mond stand am Himmel. Manchmal blitzte die Sonne aus den tiefhängenden Wolken. Ein Kommen und Gehen am Firmament und darunter auch, sinnierte ich. Die Stiftskirchenuhr schlug gleichmütig wie immer ihre Stunden – die der Freude, des Leids und oftmals wohl auch die der Wahrheit.

Er geleitete mich bis zum Zug. Keine Rose im Gepäck, kein Großvater winkte, kein Vater saß nun neben mir. Vor den Zugfenstern kein helllichter Tag, sondern schwarze Nacht wie damals, als ich mit meiner Familie unterwegs nach Hause war, doch diesmal gelangte der Zug mühelos ans Ziel, und alle Brücken waren heil. Man konnte darüber gehen, so, als ob nie etwas geschehen wäre inzwischen ...

Fanny

Kinder sind nicht nur unschuldige Wesen in Wort und Tat – manchmal sind sie alles andere als das. Mein Bruder und ich, im Kindesalter noch und Weihnachten vor Augen, waren fassungslos, als uns die Eltern ihr Vorhaben eröffneten – was dachten sie sich nur dabei, am Tag der Tage, am Christtag nämlich, ein Waisenkind zu uns zu laden?

Wir kannten diese Sorte von Kindern, gingen sie doch in unsere Schule, in unsere Kirche, trafen wir sie doch immer auch auf unserem Schulweg an – wir mochten sie nicht. Der Geruch des Klosters haftete ihnen an: Eingesperrtsein, Ausgesperrtsein – das Gleiche anziehen, reden, über dasselbe lachen – wenn überhaupt lachen. Und was ist mit Spielen? Klosterkinder spielen nicht, dachten wir.

Es änderte nichts an unserem Zorn, dass auch andere Familien ringsum aus diesem leblosen Ort solch leblose Kinder holen wollten. Wir wollten lebendig sein, unter uns sein, mit unseresgleichen zusammen sein, nicht mit Fremden. Wir wollten es heimelig haben an diesem heimeligen Fest. Doch da war nun dieses Kind! Es hatte uns das Fest in Stücke gerissen, ehe überhaupt noch Vorfreude aufkommen konnte. Da war nun der eine Teil – unserer, und da der andere – der fremde. Und fremd strahlte diesmal der Baum der Bäume, nicht ganz so hell, nicht ganz so weihnachtlich. Daran konnte auch die in Stanniolpapier gewickelte schokoladene Taschenuhr nichts ändern, die golden glänzend an einem Tannenast hing. Sie sollte meinem Bruder gehören. Das war bald ausgemacht.

Dann, tags darauf – das Kloster! Vater marschierte voran zu dieser verhassten Stätte. Wir, die Kinder, hinterdrein. Mutter kochte zu Hause, war voll Erwartung. Voll Erwartung auch jemand im klösterlichen Besuchszimmer – eine Schwester schloss es auf, und ein munterer Vogel schoss heraus, zwei fliegende Zöpfe hinterher – mitten in uns hinein! Ein Täschchen fest umklammert. Die Klosterpforte! Nur hinaus! Mein Vater hinterher! Drei Kinder fröhlich voran. Fragen, Antworten, Lachen, Laufen, Springen – mein Vater hinterher. Endlich zu Hause. Das Festmahl. Ein Mahl! Ein Fest! Alles lebendig – die Geschichten, die Lieder, die Spiele. Neue Lieder, neue Spiele ...

Der Abschied dann! Alle vor dem Christbaum! Die Klosterkinder von ringsum auch dabei. Dabei vor dem Heimgehen. Heimgehen? Ins Heim gehen! Kerzen entzünden, wieder Lieder singen, sich etwas vom Christbaum wünschen dürfen – da aber stockte unser Herz. Was fiel unserer lieben und guten Mutter nur ein? Fannys Wünsche war bescheiden. Unsere Fanny! Doch da war Anita – sie wünschte sich die Uhr, und mit dieser ging es ab ins Kloster. Vater wieder voran, die Kinder hinterdrein.

Fanny hielt ihr Täschchen fest umklammert. Sie ist die liebste, meinte mein Bruder, und er musste es wissen mit fast schon einem Lebensjahrzehnt. Wir nahmen sie in unsere Mitte und hielten sie fest.

Ihr helles Lachen hing noch im Raum, als wir heimkehrten. Aber die Uhr war weg! Vorerst fiel es uns gar nicht auf, dass auf demselben Ast wieder die gleiche Uhr hing. Ob unsere guten Eltern da nachgeholfen hatten? Wir fragten nicht danach. Da war nun eine Uhr in uns, die heftig pochte und eine gute Stunde schlug – nicht aus Schokolade und in goldenes Stanniol gewickelt, sondern eine, die wieder richtig zu gehen schien. Und so wurde es Weihnachten – genau einen Tag später!

Salzburger Nockerl

Ich hätte auch sonstwo auf die Welt kommen können – bei den Eskimos vielleicht oder in Feuerland ... Für mich aber war auf Erden ein Punkt mit einer östlichen Länge von 12 Grad 54´ sowie einer nördlichen Breite von 47 Grad 48´ ausersehen. Meinen ersten Schrei tat ich ca. 424 Meter über dem Meeresspiegel, jedoch nicht am Meer, sondern unweit eines Flusses, wo schon lange vor meiner Zeit ein Heiliger aufkreuzte und trotz der Trümmer, die er da ringsum vorfand, das „Rom des Nordens" gründete. Vielleicht konnte er nur bis drei zählen, denn mit sieben Hügeln konnte diese Gegend nicht aufwarten. Das ist noch heute so. Es dauerte auch eine ganze Weile, bis sich ein Papst hierher verirrte – offensichtlich ganz ohne den Wunsch, sich längerfristig häuslich niederzulassen. Ganz zu schweigen davon, dass auch viel Zeit verstrich, ehe man an den Ufern der ehemaligen Igonta, wie man die Salzach damals nannte, Pizzas und Spaghettis angeboten bekam. Über der „Stadt des Himmelsgottes", wie angeblich die verblichene Römerstadt Juvavum zu Deutsch geheißen haben soll und aus der sich das heutige Salzburg gemausert hat, thront zwar keine Engelsburg, aber doch eine Festung, die sich sehen und auch fotografieren lassen kann.

Am Schnittpunkt dieses schon erwähnten nördlichen Breiten- und Längengrades wollte man schon immer hoch hinaus. Nicht nur, dass man ins Auge fasste, Olympiastadt zu werden, auch den Glauben an ein Tausendjähriges Reich, der nicht lange währte, gab es tatsächlich. Nach einem Bombenhagel war man dann anderen Sinnes, und danach gab es auch wieder die Ruinen, worauf man baute. Ein Heiliger jedoch verirrte sich nicht mehr hierher. Nichtsdestotrotz wurde alles wieder heil und später dann sogar zum Weltkulturerbe, was angesichts der architektonischen Scheußlichkeiten, die man während des Wiederaufbaus auch hervorbrachte, etwas verwundert. Es geht eben nichts über die Ästhetik des Hässlichen! Betonungeheuer verunzieren das Stadtbild, aber die

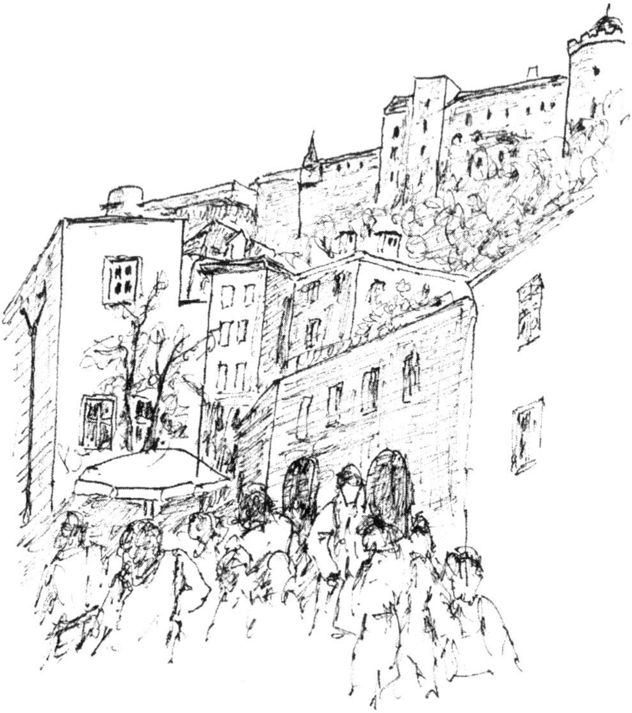

Fremden kommen dessen ungeachtet – nicht nur wegen der Salzburger Nockerl, einer Süßspeise, die internationalen Ruf hat, sondern, um die Hinterlassenschaften ehemaliger Erzbischöfe, ehe diese auch den Bach, in diesem Fall die Salzach, runtergingen, noch zu bestaunen.

Den durchreisenden Liederfürsten aus Wien jedoch entzückte anno dazumal eher das Grünland vor den Toren südlich der Stadt, das auch einmal Gefahr lief, zur Betonwüste zu verkommen. Es ist ein Wunder, dass dieses „liebliche Thal", wie er es nannte, der Zerstörungswut kurzsichtiger stadtväterlicher Krämerseelen nicht zum Opfer fiel. Dies ist vornehmlich einem Schauspieler und einem Bäckermeister zu verdanken. Davon aber zeugt weder eine Gedenktafel noch ein Denkmal. Dank deren Bemühungen um die Erhaltung dieser wunderbaren Landschaft dehnt sich zu Füßen der Festung nun noch immer ein Wiesen- und Ackerland bis hin zu einem Schloss samt Teich aus. Von dort zogen in früheren Zeiten die Landesfürsten prunkvoll in die Stadt ein. Den Weg gibt es heute noch, die Fürsten nicht mehr. Ein Marterl mit vier Linden herum ist das Herzstück dieser Gegend, wo im Sommer Kornfelder wogen und Kukuruzwälder in den Himmel wachsen, als wäre man mitten in einer Stadt auf dem Land.

Auf der Festung, von welcher man einen herrlichen Blick nach dort unten hat, erinnert ein Hornwerk in den Burggemäuern daran, dass viele Jahre lang zuvor die schon erwähnten geistlichen Herren in dieser Stadt das Sagen hatten. Der „Stier", wie sich diese Orgel nennt, brüllte einst mit seinen 200 zinnernen Pfeifen, nach denen man zu tanzen hatte, die Untertanen nieder, wenn sie es zu bunt trieben. Das durften nur die Landesherren. Nun ist vieles anders – um den Brunnen auf dem Platz vor der Residenz weiden keine Kühe mehr, und auf den Basteien der Burg gibt es kein Rindvieh anzuglotzen, dem man einst täglich einen andersfarbigen Anstrich verpasste, um den Belagerern vorzutäuschen, dass aus ihrer Absicht, die Leute da oben auszuhungern, nichts werden würde, weil sie noch genügend lebendiges Fleisch vorrätig hätten. Den Ruf als „Stierwascher" aber sind die „Salzbürger" noch immer nicht los ...

Auf Schritt und Tritt begegnet man in dieser Stadt fürsterzbischöflichen Duftmarken. Damit gemeint sind deren Wappen, an welchen sich ablesen lässt, was an wilden Rüben und sturen Böcken hierorts das Zepter schwangen, wie löwenhaft man zu kämpfen gewillt war – wenn auch oft nur mit Kugeln aus Stein. Geschütze, die diese durch die Gegend schleuderten, stehen noch immer auf der Burg herum. Sie tragen sogar Namen. Ein großer Mörser, der „grob Püffl", schaffte es, steinerne Kaliber von über 2 Zentnern den Feinden vor die Füße zu knallen. So groß sind allerdings die Kugeln nicht, die man später dann aus Schokolade und zu Geld machte. Vorerst aber harrte diese Köstlichkeit noch eines zugkräftigen Namens. Vielleicht bekam ein Musikus aus Augsburg davon Wind oder hatte eine Eingebung, da es diesen just in diese Stadt an der Salzach zum Studieren verschlug. Sein Name hätte gepasst, doch Genie war er keines. Was aber er nicht war, konnte vielleicht aus dem Nachwuchs werden ... Also hieß es vorerst einmal heiraten und hoffen, dass alles planmäßig klappt, auf dass dann der Familienname an der Kugel hängen bleiben würde. Und so geschah es! Als stolzer Vater eines Wunderknaben dann tourte er samt Familie in Sachen Musik durch halb Europa. Der Junior aber suchte alsbald das Weite, um in der kaiserlichen Donaustadt dem erhobenen Zeigefinger des Vaters und auch dem des erzbischöflichen Brötchengebers aus der Stadt, der er seinen musikalischen Stempel aufdrücken würde, zu entkommen. Der gestrenge Gottesmann ahnte das damals nicht und glaubte, bei den Mozarts andere Saiten aufziehen zu können als sein Vorgänger. Alles nur, weil er auf seiner Geige ganz vortrefflich zu spielen vermochte und ihm die Reiselust seines Kapellmeisters ein Dorn im Auge war. Schließlich verließ auch er das sinkende Schiff an der Salzach, an welchem schon die Franzosen Gewehr bei Fuß standen, und folgte, wie das Leben so spielt, dem von ihm verkannten Genius nach Wien nach, wo diese beiden auch starben. Und mit Colloredo war auch die Zeit der bischöflichen Regenten in dieser Stadt um.

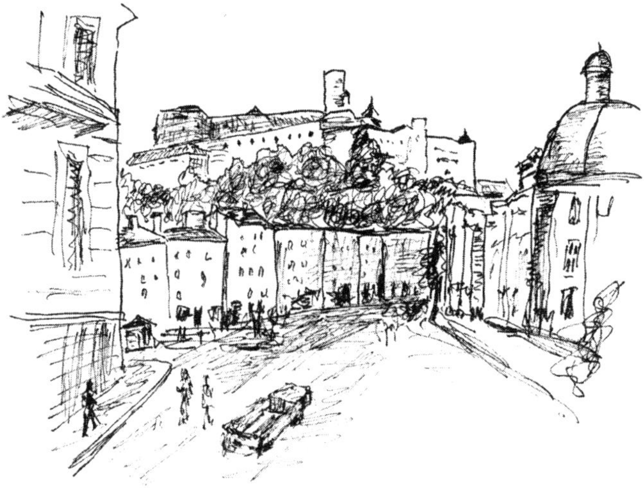

Die Schlacht auf dem Walserfeld fand dennoch statt. Und der Untersberg, der auf dieses sonst immer seine schützenden Schatten wirft, muss auch geschlafen haben – wie der Kaiser Karl, den man in seinem Inneren vermutet. Selbst ein Erzherzog musste da machtlos zusehen. Vielleicht war er noch zu jung, um das Unheil abzuwenden. Später dann über beide Ohren in eine Postmeisterstocher verliebt, suchte er sich für ein geheimes Stelldichein mit dieser das Nonntal in Salzburg aus. Nicht umsonst bezeichnete diesen Ort der Liedermacher aus Wien als Elysium. Danach hatten die beiden vorerst Pech, denn man ließ sie nicht wieder in die Stadt hinein – zumindest nicht durch das Kajetanertor. Dieses existiert schon lange nicht mehr, sodass sich heutzutage kein Liebespaar der Welt noch um Sperrstunden solcher Art zu kümmern braucht.

Auf Ratten trifft man allerorts auf dieser Welt. Diese Viecher sind nicht auszurotten – noch weniger die zweibeinigen. Eine davon, die den Salzbürgern das Übel mit den Bomben einbrockte, hatte noch die Stirn, sich vor der europäischen Götterdämmerung im Goldenen Buch der Stadt zu verewigen, ehe sie sich angesichts des Unterganges des schon erwähnten Tausendjährigen Reiches die Kugel gab. Nicht die Mozartkugel, wie man vielleicht fälschlich meinen könnte.

Salzburg scheint überhaupt ein gutes Pflaster für Bösewichte zu sein. Höchst unchristliche Erzbischöfe vertrieben schon vor langer Zeit die Juden und ließen ihre Synagogen zerstören. Auch mit den Protestanten gingen sie nicht sehr zimperlich um. Dennoch redet man kaum noch davon. Die Vergangenheit scheint alles zu verklären. Derzeit macht man auf alles Jagd, was nach brauner Farbe riecht. Dieser politische Gestank muss weg! So benennt man alle diesbezüglich anrüchigen Straßen, Gassen, Wege und Plätze einfach um. Man setzt Zeichen! Man löscht aus, um nicht wieder ausgelöscht zu werden – auf welche Art auch immer. Werke von Literaten ins Feuer zu werfen, die nicht ins braune Bild passten, ist wirklich nicht die feine Art! Der Geist von damals soll nicht mehr wehen, wo es ihm beliebt, so beugt man vor. Aber der Platz der Verheizung kann nichts dafür. Und so ließ man ihm seinen Namen.

Kaum zu fassen, dass auch Erzengel ihren Stammplatz einbüßen können, obwohl sie zeitlos sind und daher auch keine Vergangenheit vorzuweisen haben – schon gar nicht eine anrüchige. Aber wenn da einer in der „Stadt des Himmelsgottes" geboren wird, den die Götter lieben, dann haben auch Himmelsboten das Nachsehen. Nun steht das Kirchlein des Heiligen mit dem Schwert Aug in Auge mit dem Denkmal dessen, der ihm den Platznamen streitig machte, sowie dem Brunnen samt seinem Standbild oben drauf. Mit diesem machte man kurzen Prozess – er übersiedelte zum Gablerbräu in die Linzergasse, wo er zum Auswaschen der Bierfässer diente, und die Statue landete in einem Klostergarten ... Ob nicht auch Engel zuweilen menschlicher Regungen fähig sind? Eigentlich müssten ihnen Racheakte fremd sein. Vielleicht aber hatte dieses himmlische Wesen doch seine Hände oder die Flügel im Spiel, als man auf dem Platz vor einer Barockkirche ein Kunstwerk aufstellte, das den Salzbürgerinnen und Salzbürgern vor Augen führen sollte, was für ein mickriges weibliches Männlein dieser hoch gepriesene Musensohn der Stadt eigentlich wirklich war.

Einmal staunte man aber nicht schlecht, als das nicht entstellte Denkmal des viel gepriesenen Musikus bis hinauf zu seiner Nasenspitze mit Einkaufswagerln vollgerammelt war. Das gab vielleicht einen Aufruhr! Es geht eben nichts über spaßige Ideen, auch wenn man sich dabei an einem Stadtheiligtum vergreift. Und das war erst der Anfang! Später postierte man auf dem Platz mit dem angeblich schönsten Brunnen nördlich der Alpen einen Hubschrauber als Kunstobjekt. Und da war dann auch viel Polizei um die Wege, dass niemand mit diesem abhebt ...

Seit Mozart auf dem ehemaligen Michaelerplatz thront, weiß man aber auch, dass angeblich hier das Glück wohnen soll und nichts Böses eintreten möge – so jedenfalls steht es auf einem römischen Mosaik geschrieben, das beim Aushub des Fundaments für das Denkmal gefunden wurde. Böses hat sich leider in dieser Stadt nur zu oft ereignet. Das Glück aber schien doch letzten Endes immer gesiegt zu haben. Schließlich kam man auch nach schrecklichen Zeiten mit einem blauen Auge davon – man denke da nur an die Heuschreckenplage, die große Feuersbrunst oder die Pest, von den Heimsuchungen durch Krieg und anderen Verwüstungen ganz zu schweigen. Das Standbild des großen Musensohns wird zwar noch immer als gänzlich misslungen bezeichnet, doch durch die Auffindung der Glücksbotschaft unter diesem, bekommt dieser Platz doch eine besondere Bedeutung. Wer weiß, ob nicht Mozart bei diesem Fund nicht aus dem Jenseits Regie führte – vielleicht sogar zusammen mit dem schon erwähnten ausquartierten Erzengel ...

Salzburg-Flüchtlinge gab es schon lange vor den hier geborenen Berühmtheiten, die ganz offensichtlich nicht zu schätzen wussten, an welchem bedeutenden Flecken Erde sie da zur Welt kamen, und sich nach woanders hin absetzten. Ich jedenfalls gedenke, im Lande, besser gesagt, in dieser Perle einer Stadt zu bleiben und mich da redlich zu nähren – was auch immer man darunter verstehen mag. Trotzdem habe auch ich den ewigen Schnürlregen oftmals satt. Das Stadtwappen aber kommt noch immer ohne Regenschirm darin aus. Vielleicht sind in Ermangelung eines solchen Dinges die Römer eines Tages wieder abgezogen. Vielleicht auch haben sie hier nur kalte Füße bekommen, oder man zeigte ihnen, wo der Bartl den Most holt, nicht aber den Chianti. Irgendwann setzten sich ganze Völkerscharen wandernd in Bewegung und beglückten auf ihrer Durchreise die Stadt mit der schon erwähnten geografischen Länge und Breite. Unter diesen Vorläufern des erst viel später einsetzenden Fremdenverkehrs fanden sich auch Wüstlinge. Barbarossa war so einer. Er übte Rache, da es ein Erzbischof wagte, für den Papst zu stimmen, und ließ es einfach brennen – wie der Wolf Dietrich später den alten Dom, dass er einen neuen bauen konnte. Zu seinen Lebzeiten wurde daraus aber nichts. Was er da plante, war ein Riesending von einem Gotteshaus – die kuppelreichste Kirche des Abendlandes hätte dieses werden sollen ... Erst sein Nachfolger nahm eine abgespeckte Version in Angriff, aber nach der Dachgleiche segnete auch er das Zeitliche, sodass der Erzbischof mit dem Brezelschweiflöwen im Wappen weiterbauen musste. Das soll ein Fest gewesen sein, als dieses Prachtstück fix und fertig da stand und eingeweiht wurde. Und das alles mitten im Dreißigjährigen Krieg! Es gibt eben nichts, was es nicht gibt.

Wenn man, von der Franziskanerkirche kommend, durch den Bogengang auf den Domplatz tritt, verstellt vorerst eine Mariensäule, die eine goldene Krone schmückt, den Blick auf die Fassade der Kirche. Aber das ist eine optische Täuschung! Man muss nur auf dem richtigen Punkt stehen bleiben, dann sieht es so aus, als hätte Maria diese wirklich auf ihrem Haupt. So aber gehört sie zur Domfassade, die sich mit zwei Glockentürmen links und rechts sowie einem Mittelgiebel präsentiert. Dazumal war das einzigartig. Wie das aber so ist – weit und breit wird nachgebaut. Auf dem Turm zum Residenzplatz hin hängt die Salvatorglocke, das ist die Pummerin der Stadt. Wenn alle Glocken Salzburgs aufspielen, sorgt sie mit ihrem unverkennbaren Ton inmitten des Geläutes für eine entsprechende Tiefenschärfe, und bei günstigem Wind ist sie oft weit ins Land hinein zu hören.

Die Domkuppel musste gleich beim ersten Luftangriff auf Salzburg daran glauben. Das war nicht nur ein Treffer mitten ins Herz der Kirche, sondern auch in das der Stadt. Während des Abwurfs soll ein berühmter Domorganist, der später angesichts dieser Gräuel die „Bombenmesse" komponierte, am Chor geweilt haben. Ihm ist aber nichts passiert. Eine Wand mit einem großen Kreuz darauf trennte dann lange Jahre das Kirchenschiff vom Kuppelraum ab. Im vorderen Teil wurden auf einem provisorischen Altar die Messen zelebriert, dahinter fleißig gearbeitet. Schließlich war es einmal so weit, dass das Gotteshaus dank der „Domsau" von außen wieder

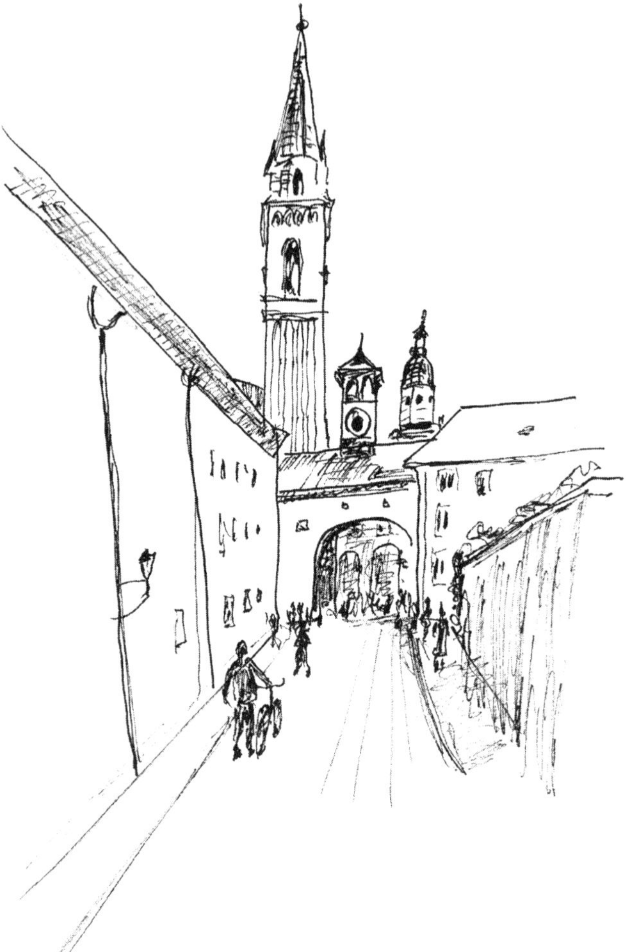

heil aussah. Dieses aber war nicht vorübergehend zu einem Schweinestall verkommen, wie man vielleicht annehmen möchte. Das wäre ja zum Grunzen! Nein, um Geld für die Renovierung zusammenzubekommen, wurden die Bauern angehalten, zusätzlich Schweine mitzufüttern. Der Erlös nach deren Schlachtung kam dem Wiederaufbau des christlichen Wahrzeichens der Mozartstadt zugute. Schließlich steckte man der Kuppel ein 100 Kilogramm schweres Kreuz auf, das man zuvor reich geschmückt durch die Straßen führte. Da kam Freude auf! Mit der war es aber alsbald vorbei, als man dahinterkam, dass der Juwelier, dem man eine Schuhschachtel mit wertvollem Schmuck zur Vergoldung des Kreuzes anvertraute, ein Betrüger war. Schon zwei Jahre danach verfärbte sich dieses schwarz, da unedles Metall verwendet wurde.

Bald aber sahen die Leute, die da Spalier standen und auf die Kuppel schauten, dass mit dieser etwas nicht stimmen konnte. Irgendwie sah sie schief aus – zumindest wenn man vor dem Tor des Michaelikirchleins stand und nach oben blickte. Angeblich habe das aber seine Richtigkeit, da man innen drinnen eine Treppe baute, derer es bedurfte, um hoch oben auch die Laterne zu erleuchten. Und innen drinnen dauerte es auch noch eine Weile, bis die Trennwand fiel und der Dom wieder in aller Pracht und Herrlichkeit zu bewundern war. Zwei Glocken aus der Zeit Paris Lodrons waren zu hören, als der Fürsterzbischof, begleitet von den ehrwürdigen Domherren, in tiefer Dankbarkeit und Freude erstmals nach langer Zeit in das wiedererrichtete Gotteshaus einzog. Den „Fürsten" aber legte er alsbald ab, wie auch seine lange rote Schleppe. Die Priesterweihen zu Peter und Paul hatten es mir schon immer angetan. Damals gab es nicht nur einige wenige, sondern viele, die als frisch gebackene geistliche Herren, nachdem sie sich zu Boden geworfen hatten, vom Bischof zur Arbeit in den katholischen Weinberg entsandt wurden. Einigen bekam nach dem in bester Absicht gespendeten Primizsegen diese Arbeit dann doch nicht so ganz – sie legten ihr Amt wieder nieder. Nicht so ein Neupriester, der später auch Domherr wurde und noch mehr. Vielleicht lag das am Messgewand von Wolf Dietrich, das er damals trug. Zuvor war dieser, ein in Salzburg Geborener übrigens, bei den Hochämtern als Zeremonienmeister tätig und hatte die um den Altar versammelte Geistlichkeit mit seinen professionellen Anweisungen voll in Griff. Inzwischen ist Johannes Neuhardt, der Prälat, samt der Imbergkirche, seinem nunmehrigen seelsorglichen Zuhause, für Salzburg ein Begriff. Sein Herz aber schlägt nach wie vor für den Dom, wo er auch ein Museum einrichtete.

Paracelsus war kein gebürtiger Salzburger, auch kein Durchreisender, sondern ließ sich, obwohl es damals noch keine Krankenkassen gab – oder vielleicht gerade deshalb –, hier nieder. Er meinte: Die Dosis mache das Gift, und dann ist er in der Stadt an der Salzach gestorben. Man sieht, ein Zuviel an Salzburg kann auch tödlich sein. Sogar Denkmälern, denen man in dieser Stadt an allen Ecken und Enden begegnet, schlägt das letzte Stündchen, wenn in den Schöpfern derselben braunes Blut floss oder noch immer fließt. Pech für Paracelsus, der noch in wuchtiger Gestalt, deren Tage wegen der erwähnten Farbe vermutlich schon gezählt sind, noch den Kurgarten ziert. Mozart zu entsockeln, würde man niemals wagen – leider auch nicht seine entstellte Figur vor der früheren Kirche der Ursulinen. Dennoch getraute sich ein Sittenwächter, sich an dieser Statue mit Pinsel und Federn zu vergreifen. Papageno lässt grüßen! Der hat zwar kein Denkmal, aber einen Brunnen, auf welchem er wie ein Storch aus Stein noch immer nach seiner Papagena schmachtet.

Wie schon erwähnt, waren so manche Salzburger Kirchenväter alles andere als lammfromm, sozial denkend oder gar kunstsinnig. Ein Glück, dass es auch da löbliche Ausnahmen gab. Manche aber vergraulten die Bauern, beuteten die Untertanen aus und schickten die Protestanten in die Wüste. Einer davon aber bewies einen bedeutsamen Weitblick hinsichtlich der Parkraumnot, die diese Stadt künftig einmal heimsuchen würde. Wo sonst sollten die vielen Autos einmal zum Stillstand kommen, wenn nicht auf großen Plätzen,

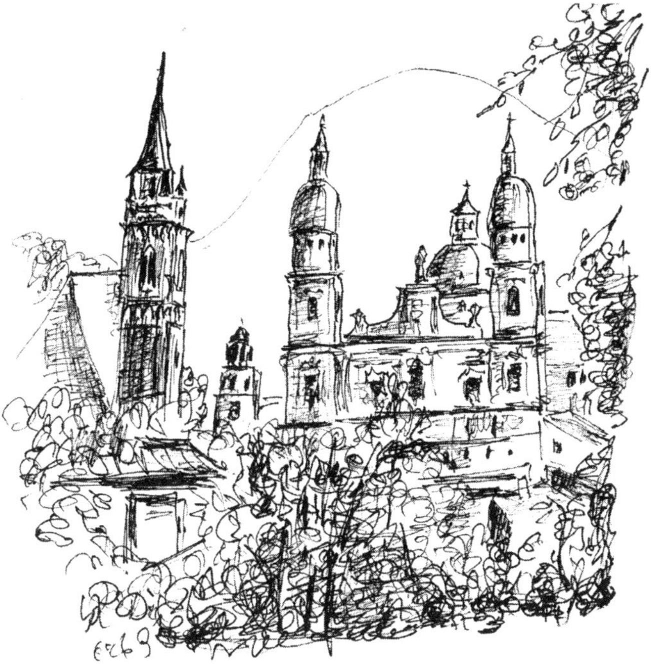

die es zu dieser Zeit in der schmutzigen Bischofsstadt noch nicht gab. Daher räumte er ganz einfach mit allem auf, das den fahrbaren Untersätzen fernerer Zeiten im Wege stehen würde – gleichgültig, ob da Häuser oder ein Friedhof dran glauben mussten. Vielleicht war der Kirchenmann aber auch nur auf den Staub des Mittelalters allergisch. Leider vergaß dieser Mensch der Renaissance darauf, auch die Gassen zu verbreitern, so hätten sich die Fußgänger der Neuzeit auch den Torlauf zwischen den Stoßstangen erspart. Es ist doch verwunderlich, dass es zwischenzeitlich weltlichen Stadtvätern sogar gelungen war, eine echte Fußgängerstadt zu errichten. Man vermisste aber den belebenden Blechsalat so sehr, dass alsbald wieder alles beim Alten blieb – mehr noch, auch an Orten, wo man dies früher niemals für möglich hielt, tummeln sich nun mit behördlicher Genehmigung die Kraftfahrzeuge. Ganz zu schweigen von dem regelrechten Wettstreit der Innenstadtbewohner, zur linken und zur rechten Seite des Franziskanerkirchentores oder gar zu Füßen des Mozartdenkmals zu parken.

Man glaubt immer noch, mit öffentlichen Vehikeln das Verkehrsproblem in Salzburg lösen zu können. Deshalb ist man mit der Straßenbahn samt Schienen im wahrsten Sinne des Wortes abgefahren und hat sich auf Busse verlegt, die aber nie pünktlich sind, weil sie auf die Ampeln aufpassen müssen. Wenn es regnet oder schneit, sind sie krisenanfällig. Früher bezeichnete man die einzelnen Buslinien mit Buchstaben, dann nummerierte man sie – wohl aus gutem Grund, da es doch oft ein Glücksspiel ist, wenn einmal, wie im Lotto, zur rechten Zeit womöglich noch, die richtige Zahl mit dem dazugehörigen Bus dahergefahren kommt. Da es aber ohnedies so mühelos möglich ist, mit dem Privatfahrzeug in die Stadt zu gelangen und in bester Lage parken zu können, sind öffentliche Verkehrsmittel mit ihren Verspätungen und den viel zu hohen Preisen wirklich nicht das Gelbe vom Ei.

In Salzburg stehen allerorts nicht nur Denkmäler herum, sondern auch andere Werke. Mitten im Verkehrstrubel, sozusagen als Vorposten zur Altstadt, ließ sich einmal ein lebensgroßer Jüngling mit seiner Querflöte auf einer grünen Insel am Staatsbrückenkopf der rechten Salzachseite, genauer gesagt, beim Platzl, nieder. Der Schöpfer desselben hatte doch tatsächlich die Stirn, noch bevor er grünes Licht für dessen Aufstellung bekam, sein Kunstwerk auf diesen Platz zu befördern, wo es von vielen Menschen gesichtet werden konnte. Von dort aus entzückte es auch lange Zeit nicht nur Passanten, die sich dort auf den Ruhebänken niederließen oder die Salzachufer wechselten. Auch vorbeifahrende Auto- und Businsassen hatten ihr Wohlgefallen an der „versonnenen Harmonie" dieser Plastik sowie an der „musikbewegten Gespanntheit" dieses Knaben, wie dies wohlmeinende Zeitgenossen in Tageszeitungen kundtaten und somit für das „flötenspielende Häufchen Bronze", wie es böswillige Zungen kritisierten, eine Lanze brachen. Jenen, die diesen Musikanten einmal vom Sockel stürzten oder ihm eine grau-grün bemalte Gipsschlange vor die Nase setzten, muss er wohl nicht in ihren künstlerischen Kram gepasst haben, denn diese Kreise forderten alsbald die Beseitigung dieses „plakativen Kunstwerkes", wie sie es bezeichneten. Sie stießen sich an dessen „schablonisierter Lieblichkeit" und zogen dessen künstlerischen Wert ernsthaft in Zweifel. Man forderte die Aufstellung des Abgusses der Kathedrale von Wotruba an dieser Stelle, später dann die einer Plastik von Hrdlicka. Und plötzlich war auch der Musikant verschwunden. Er ging im wahrsten Sinne des Wortes flöten – sehr zum Leidwesen seiner einstigen Liebhaber. In einem Gewächshaus, wo er Goldfischen zu seinen Füßen aufspielt, fristet er nun sein Dasein.

Über Kunst lässt sich trefflich streiten. Was man darunter versteht, wird den Salzburgern immer wieder vor Augen geführt: Man setzt ihnen Werke vor, um ihren Kunstsinn auf die Sprünge zu helfen sowie deren Kulturkonsum zu steuern und in die gewünschte Richtung zu bringen. Schließlich weiß man, dass Menschen Gewohnheitstiere sind. Kulturelle Kleingeistigkeit kann in so einer Stadt nicht geduldet werden! Mich aber erinnert diese Vorgangsweise eher an ein Märchen von Andersen – „Des Kaisers neue Kleider". Niemand traut sich zu sagen, was er wirklich sieht und denkt, um nicht als Banause dazustehen. Die Wahrheit auszusprechen, übernimmt im Märchen stellvertretend für die Duckmäuser ein Kind – so nach dem Motto: Kindermund tut Wahrheit kund …

Die Brücke, an welcher einstmals das umstrittene Flöten spielende Häufchen Bronze die Leute verzückte, war lange Zeit die einzige, die über den Fluss führte – mit einer sehr wechselvollen Vergangenheit! Schon in der Römerzeit soll sie existiert haben. Seither änderte sie nicht nur stets ihr Aussehen, sondern auch ihren Standort. Oftmals musste man sie abreißen oder neu erbauen, wenn sie Überflutungen zum Opfer fiel, wobei man sie mitunter entweder ein Stück flussauf- oder -abwärts rückte. Zuweilen wurde sie auch überdacht oder mit Kaufmannsläden versehen, bis sie dann wieder der Fluss fortschwemmte. Der Blick von dieser Brücke aus ist einzigartig, aber auch der von den Stegen zu ihrer Rechten und Linken kann sich sehen lassen. Beim letzten Neubau fand man eine Figur aus der Römerzeit – einen Stier! Unter dieser Brücke, die sich Staatsbrücke nennt, vermutlich, weil man mit ihr Staat machen kann, fuhren einst die Salzschiffe hindurch, bis man dieser Transportmöglichkeit nicht mehr bedurfte. Später glaubte man, die Schifffahrt wiederbeleben zu können, doch alle Versuche wie zum Beispiel mit dem Dampfschiff „Prinz Otto" schlugen irgendwann fehl. Zurzeit verkehrt wieder ein Ausflugsschinakel sehr umweltfreundlich ohne Rauch auf der Salzach, das sich sinnigerweise „Amadeus" nennt, obwohl es sich im Dreivierteltakt auf den Wellen dreht. Vielleicht glaubt es gar, ein Donauschiff zu sein. Schon bald fiel es aber einem Hochwasser, das der besagten Brücke bis zum Hals reichte, zum Opfer. Man gab aber nicht auf, und so fährt es wieder und tanzt Walzer.

Betrachtet man diesen Fluss von der Festung aus, verwundert die Bezeichnung „Quecksilbersalamander" nicht. Leider ist diese nicht von mir! Aber ein Schlingel ist die Salzach dennoch. Sie versteht es, den Brücken den Garaus zu machen.

Auch einer Fähre, die lange Zeit über die Salzach führte, ging es da an den Kragen. Oft riss das Seil, und man durfte von Glück reden, wenn sie noch vor der Karolinenbrücke, die auch Nonntalerbrücke heißt, ans rettende Ufer gezogen werden konnte. Von dieser Brücke hat man übrigens einen wunderschönen Blick auf die Müllnerkirche, neben der zur Sommersonnenwende ganz romantisch der blutrote Sonnenball in den feurig glänzenden Fluten der Salzach versinkt.

Irgendwann ging man daran, das pietätlose Handeln des Erzbischofs mit dem Parkplatzweitblick und der Kugel im Wappen wieder gutzumachen. Kaum jemand denkt noch daran, dass auf dem riesigen Platz vor der Residenz einmal ein Friedhof war. Es kann ja auf Dauer wirklich nicht sein, dass man um den dortigen Brunnen, auch wenn er noch so schön ist, tanzt und springt und dabei unzähligen Skeletten, die unter dem Platz lagern, auf dem Schädel herumtrampelt. Es war einmal an der Zeit, diesen Gerippen ein würdiges Ausgedinge und vor allem wieder ihre Totenruhe zu verschaffen. Ob ihnen diese aber angesichts der vielen Spektakel, die sich da jahraus und jahrein über ihnen abspielten und an welche sie sich wohl auch gewöhnt haben werden, bekommen würde, fragt man sich schon ...

Es war der trinkfeste Brunnenbischof Giudobald, ein Kardinal übrigens, aus dem dann doch kein Papst wurde, der den leeren Platz vor der Residenz mit diesem berühmten Brunnen schmückte – nicht nur, um die Leute zu verzaubern, sondern er dachte wohl damals schon daran, wohin denn künftig zur Festspielzeit das tanzende Volk seine brennenden Fackeln werfen sollte. Noch immer weiß man nicht genau, wer diesen herrlichen Brunnen geschaffen hat. Ernst von Thun, der Bruder des Bischofs, sorgte dann auch noch für ein besonderes Klangerlebnis, da er auf den dortigen Uhrturm ein Glockenspiel draufsetzte. Ob es damals auch schon so falsch geklungen hat, wie ich dies in meinen Kindertagen erlebte, weiß ich nicht zu sagen. Später, als die Melodien wieder deutlicher erkennbar waren, montierte man die Glocken einfach ab, um

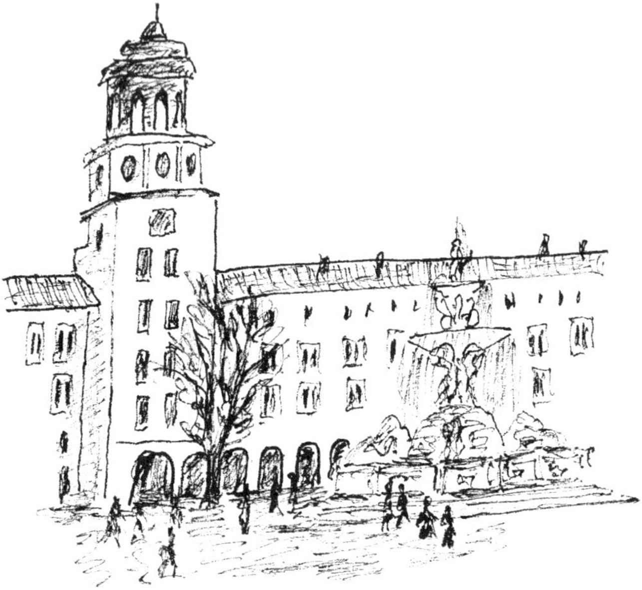

diese in Wien überholen zu lassen. Wahrscheinlich aber nur, um sie auch für das Abspielen des Donauwalzers tauglich zu machen. Früher hießen alle in der Altstadt geborenen Kinder „Glockenspielkinder". Mozart und Trakl sind solche – ganz waschecht! Später verunglimpfte man dann diese in einem Theaterstück gleichen Namens. Die Uraufführung dieser Lokalposse, in welcher die Salzburger als Kulturbanausen hingestellt werden, wurde zu einem handfesten Theaterskandal. Ich wäre daher dafür, alle in Salzburg Geborenen als Salzburger Nockerl zu bezeichnen – „süß wie die Liebe und zart wie ein Kuss", werden sie in einem Operettenlied gepriesen. Vielleicht erfüllen aber doch nicht alle gebürtigen Salzbürgerinnen und Salzbürger diese Kriterien. Manche reden sogar verächtlich über diese: Viel Luft um nix! Geschmäcker sind eben verschieden!

Dessen ungeachtet rollt der Tourismus-Rubel ganz in Einklang mit den „mozärtlichen" Kugeln ungebrochen weiter. Ein riesengroßes vergoldetes Exemplar davon, innen allerdings nicht aus Schokolade, Marzipan und Nougat, bekam kürzlich sogar einen Standort zu Füßen der Festung vor den Dombögen am Kapitelplatz zugesprochen, dass sich dort am Morgen die Sonne spiegeln kann. Ein hemdsärmeliger Mann mit schwarzer Hose steht auf der Kugel und weiß ganz offensichtlich nicht, was er da oben verloren hat, aber er fällt nicht herunter. Langweilig wird ihm jedenfalls nicht. Da gibt es die Festungsbahn zu sehen, die unermüdlich auf und ab fährt, damit die Fremden nicht mehr zu Fuß da hinaufgehen müssen und sich dabei Blasen an den Füßen holen. Im Haus der Talstation wohnte und starb der Hofmusiker Michael Haydn. In lauen Sommernächten – zuweilen auch bei Vollmond – ist auf dem schon erwähnten Platz nicht nur das Rauschen des Wassers vom dortigen Brunnen zu vernehmen, sondern auch Musik – allerdings nicht die vom einstigen Bewohner der Talstation, was da aus einer Musikkonserve kommt. Oft gibt es dazu auch etwas auf einer Großbildleinwand zu sehen – Festspiele des „Kleinen Mannes" könnte man dieses Spektakel nennen, obwohl auch Frauen zugelassen sind! Wenn es wie verrückt schüttet, ist der Mann da oben auf der Kugel mit einigen Wenigen der einzige Zuseher, der bis zum letzten Opernton ausharrt – und das ohne jeglichen Regenschutz!

Sieht man von Fronleichnamsprozessionen, Christkindlmärkten oder Kirtagen ab, war der Domplatz, was seine Nutzung betrifft, noch lange Zeit eine Ausnahmeerscheinung. Einer aber, dem die Bretter der Bühne die Welt bedeuteten, konnte den Platz vor der erhabenen Fassade des Doms so nicht stehen lassen und setzte sich daher für dessen künstlerische Belebung ein. Er war zur richtigen Zeit am richtigen Ort. Das aber war vorerst nicht der Domplatz, sondern das Theater nebst der Salzach, wo er auftrat. Schiller, versteinert im Furtwänglerpark als erstes Denkmal dieses Dichterfürsten in Österreich, lässt grüßen! Vor allem die „Räuber". In diesem Stück spielte dieser Mann damals einen der Moor-Brüder, der aber nicht Max hieß wie er. Als „Pfarrer von Kirchfeld", den aber Anzengruber geschrieben hat, kam er vielleicht auf die glorreiche Idee, den Platz vor dem Dom mit einem religiös eingefärbten Spiel zur Bühne werden zu lassen. Freilich bedurfte da der Max nicht nur eines „Moritz`", der aber letztlich Hugo hieß, sondern auch der Einwilligung des Fürsterzbischofs, an welchen er ganz unterwürfig schrieb ...

Ringsum von den Kirchtürmen und der Festung schreit man seither jährlich zur Festspielzeit nach dem Herrn Jedermann. Aber der ist immer schwerhörig. Auf der Bühne vor den Kirchentoren wird nicht nur getafelt, sondern da treibt auch ein Teufel sein Unwesen. Den Jedermann aber kriegt er nicht. Der besinnt sich noch rechtzeitig seines Glaubens und der Guten Werke – solange nicht jemand einmal das Stück vom Hofmannsthal, der auch zur rechten Zeit am richtigen Ort war und überdies noch den rechten Freund hatte, umschreibt. So wurde die Mozartstadt auch zur Festspielstadt, und Sommer für Sommer buhlen die Buhlschaften um die Jedermänner und umgekehrt. Noch immer herrscht keinerlei Einigkeit darüber, wer von den Herren da oben auf der Bühne am schönsten gestorben ist ...

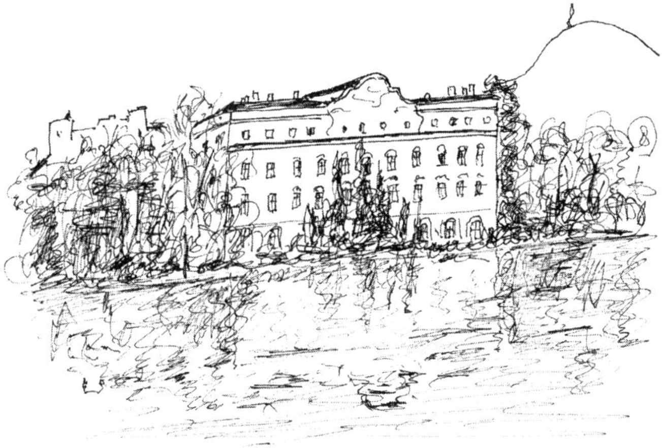

Man lebt aber nicht vom Spiel allein, da muss auch Musik her. Ständig baut man an den Festspielhäusern herum, dass man alle die Leute aus aller Herren Länder zu fassen bekommt, die alljährlich herbeiströmen, um zu hören, zu sehen und auch, um selbst gesehen zu werden. Zum Glück auch Japaner! Die sind ganz verrückt nach Mozart und konnten es nicht fassen, an der Stelle des einstigen Wohnhauses der Mozarts, vor dem die amerikanischen Bomben auch keinen Respekt hatten, eines Hochhauses ansichtig zu werden. Aber was echte japanische Musikliebe zuwege bringt, ist schon erstaunlich. Da riss man doch tatsächlich dieses Haus ab und baute darauf das zerstörte Haus wieder originalgetreu nach. Natürlich nicht mit dem Geld der Stadt, die benötigt das für andere Dinge. Nicht, dass für Normalbürger immer alles nachvollziehbar ist, wofür die Gemeindekassa etwas springen lässt. Da wundert man sich oft schon. Doch die Erhaltung so mancher Bauten gehen nun einmal ins Geld. Schildbürgerstreiche sind dabei leider nicht immer ausgeschlossen. Da wurde zum Beispiel der Dom so schön und aufwendig renoviert, dass er vordergründig wieder so aussah wie anno dazumal, als man ihn erstmals unter dem Fürsterzbischof mit dem Brezelschweiflöwen im Wappen, nämlich Paris Lodron, mit einem Riesenfest einweihte, um ihn dann wieder für lange Zeit einzuhausen, weil die Bauleute pfuschten. Vielleicht aber waren diese bestochen, und die abermalige Restaurierung musste dafür herhalten, um das Fünfzigjahrjubiläum nach dem Wiederaufbau des Gotteshauses mit neuem Glanz und voller Gloria begehen zu können.

Ein Jahr nach Mozarts Tod erblickte ein Salzburger das Licht der Welt, dessen Vater, ein erzbischöflicher Musketier, das Weite suchte, bevor noch der Sohn auf der Welt war. Das gehört sich doch nicht! Oder? Ein Scharfrichter soll der Taufpate des Bübleins gewesen sein. Auch nicht das Wahre! Dafür aber wurde dieser jenseits der Salzach Geborene, also kein Glockenspielkind, sondern ein Salzburger Nockerl, wie ich meine, Geistlicher. Er hatte einen Lehrer zum Freund, mit dem er ein Weihnachtslied kreierte, das um die Welt gehen sollte. Nur ein Lied sollte man angesichts der Werkfülle von Mozart meinen, doch dieses „Stille Nacht" hatte es offenbar in sich. Joseph Mohr, dem Texter sei Dank – auch seinem Freund Franz X. Gruber, der die Melodie für dieses ersann! Hätte der Amadeus gewusst, dass viele Opernbesucher bei den Aufführungen nun die Augen schließen, weil seine Musik nicht mehr zum Outfit von Bühnenbild und Kostümierung passt, hätte er gewiss mehr Lieder geschrieben. Gut, dass der Mozart kein Grab hat, sonst müsste er sich darin dauernd umdrehen!

Ein Herr von Karajan hatte da zu seinen Lebzeiten schon noch ein ernstes Wörtchen bei den Bühnenbildern mitzureden, ehe er selbst neben seinem Dirigentenstab auch die Inszenierungen in seine Hände nahm. Auch Dienender sein zu können, hätte man ihm eigentlich nicht zugetraut. Doch er zeigte Opernschreibern und Tondichtern gegenüber ungeahntes Einfühlungsvermögen. Der Mann, dessen Leben in Salzburg begann und dort auch endete, hätte es niemals zugelassen, dass der Rosenkavalier in einem Bordell sein Glück findet. Hofmannsthal wäre erleichtert gewesen. Dennoch frage ich mich immer wieder, wo denn wohl das Paradiesgärtlein liegt, aus dem sich der Rosenkavalier vor den Aufführungen seine silberne Rose holt, die den Stadtsäckel danach immer so herrlich vergoldet.

Ein Glück, dass sich das Marionettentheater mit Haut und Haar samt seinen Puppen den Mozartwerken verschrieben hat, dabei auf dem Teppich bleibt und auf den Zeitgeist pfeift. Früher zog der Genius höchst persönlich durch halb Europa. Jetzt reist eine Puppenspielerfamilie – ähnlich wie die Trapp-Familie, aber nicht mit Liedern, sondern mit Mozart im Gepäck – um die halbe Welt und feiert sensationelle Erfolge. Als Kind sah ich mir den Kasperl auf dieser Bühne an und den Rübezahl. Später erwog ich sogar, Puppenspielerin zu werden – das war, als ich einmal in „Bastien und Bastienne" ein Schäfchen nach meinem Willen tanzen lassen durfte. Leider folgte mir dieses Tierchen nicht – vermutlich waren meine

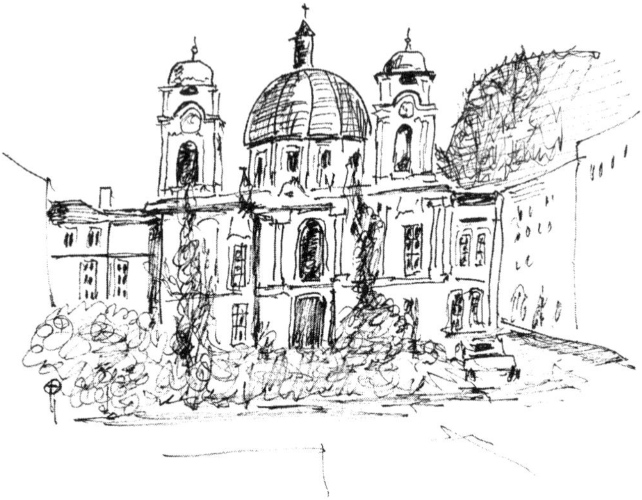

Hände zu ungeschickt für solche Spielereien.

Christian Doppler hatte mit Musik weniger am Hut, auch wenn dieses physikalische Salzburger Nockerl sein Geburtshaus nur einen Steinwurf von dem des Herrn von Karajan stehen hat. Die oft als undankbar gescholtenen Salzbürger gaben dem Gymnasium an der Lehenerbrücke seinen Namen, wo man den nach ihm benannten Effekt verkehrstechnisch hautnah nachvollziehen kann. An den Auftritt Einsteins in der Andräschule, bei welchem er seine „Spezielle Relativitätstheorie" erstmals vorstellte, erinnert lediglich eine Gedenktafel an diesem Gebäude. Die vorgelagerte Kirche ist das hässliche Entlein neben der Erlachschen Dreifaltigkeitskirche, um welche herum nicht wöchentlich Kraut und Rüben verkauft werden. Der Platz davor, umringt von einem Nobelhotel und Mozarts Wohnhaus sowie dem putzigen Theater, zieren Magnolienbäume, die stets den Salzburger Frühling ansagen. Ein Fotomotiv sondergleichen! Wie viele Ansichtskarten wohl eingestampft werden müssten, würde man dieses Grün beseitigen. Diesbezüglich gab es sehr ernsthafte Absichten seitens der Stadtväter, noch ernstere aber seitens der Bürgerschaft, das keinesfalls zulassen zu wollen.

Mit Beseitigungen ist man in dieser Stadt schnell zur Hand. So mussten die angeblich scheußlichen neugotischen Türme der schon erwähnten hässlichen ehemals roten und jetzt blond eingefärbten Backsteinkirche, welche die Bomben neben dem zerstörten Kirchenschiff gemeiner Weise stehen ließen – auch weichen. Man gaukelt Kunstsinn vor, hat aber keinerlei Skrupel, vor dem herrlichen Barockschloss von Fischer von Erlach zum Beispiel, der sich einmal aufraffte, keinen Sakralbau hinzustellen, ein Fußballstadion zu errichten. Der Betonklotz auf dem Mönchsberg, der wie eine Schuhschachtel anmutet, und so andere Bunkerbauten wie die neben dem Mirabellgarten und im Furtwänglerpark, vor welchem erstaunlicherweise sogar die Mauerbeschmierer Ehrfurcht haben, scheinen auch nicht zu stören. Die evangelische Backsteinkirche an der Salzach, deren Baubewilligung lange auf sich warten ließ, steht noch. Die Auflage dazu war, dass der Eingang nicht straßenseitig sein durfte. Die Protestanten hatten heimlich still und leise vom Flussufer aus die Kirche zu betreten. Das war letztendlich nicht nur für diese Glaubensgemeinschaft in ferneren Zeiten ein Glücksfall, sondern auch für die Hochzeiter, die da vom Straßenlärm unbelästigt und in schönster Natur vor dem Kirchentor für ein Familienfoto posieren können. Nicht weit entfernt von dieser Kirche ragt der hässliche Turm eines Heizwerkes empor, der das Stadtbild ganz augenscheinlich verunziert. Aber das scheint niemanden zu stören ...

Der Erzbischof mit der Wappenkugel hatte nicht nur die Vision eines Domes gigantischen Ausmaßes vor Augen, sondern wusste auch, dass man die künftigen Bürgermeister, die einmal die Erzbischöfe als Machthaber über diese Stadt ablösen würden, nicht in einem Rathäusl residieren lassen kann. Schließlich waren die Nachfolger des Rübenerzbischofs auch von der unwirtlichen Festung in die Stadt gezogen, um in der Residenz Hof zu halten. Vom Rathaus, das sich inmitten des Häusermeeres eher armselig ausnimmt, fehlt einfach der bürgermeisterliche Weitblick. Von einem solchen kann nur die Rede sein, wenn man die Burg vor Augen hat – sozusagen als vordergründige Rückendeckung für hintergründige Narrenfreiheit. Damit aber sei keinesfalls gesagt, dass Salzburg als eine Außenstelle der Schildbürger anzusehen ist, auch wenn es oft diesen Anschein hat. Wenn zum Beispiel zur Unzeit Straßen auf- und umgrabende Maulwürfe am Werk sind, sodass man kaum noch weiß, wohin man den Fuß setzen oder ein Fahrzeug lenken soll, wähnt man sich schon irgendwie in Schilda, wo der Irrsinn heimisch sein soll.

Die Jedermann-Rufe jedenfalls dringen kaum bis zum Schloss Mirabell vor, wo sich nun die Bürgermeister nicht nur am herrlichen Ausblick auf die Stadt erfreuen, sondern auch daran, dass in diesem Schloss nicht nur Makart, der Maler, sondern auch Prinz Otto von Bayern, der spätere König von Griechenland, das Licht der Welt erblickte. Das verdanken

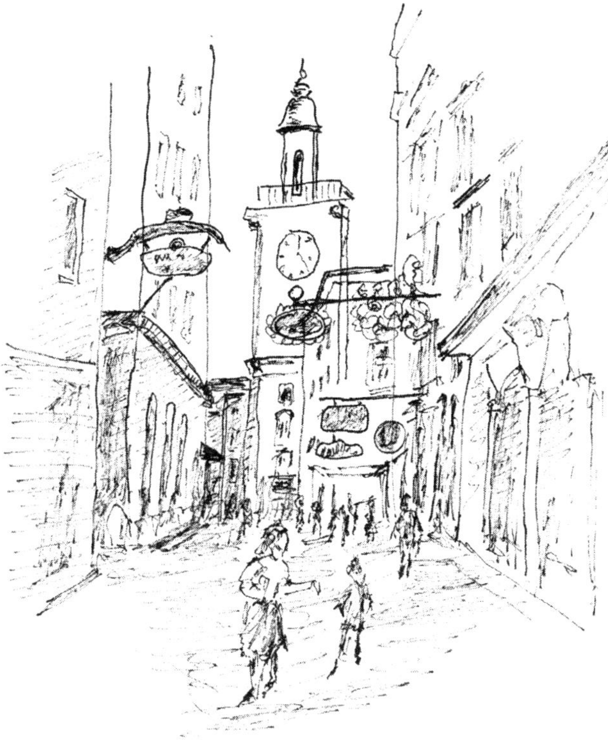

sie dem Erzbischof mit dem Parkplatzweitblick und Familiensinn, der da einst mit seiner Salome samt seinen vielen Kindern seinen Wohnsitz hatte, bis er schließlich auf der Festung bis zu seinem Tode schmachten musste. Auf Gerechtigkeit dürfen auch Erzbischöfe nicht zählen. Aber davon wissen wohl die frisch gebackenen Ehepaare nichts, die man von dort aus dem schönsten Trauungssaal der Welt über die Engelsstiege in die lebenslängliche Zweisamkeit entlässt, aus der oft nichts wird.

In der Mozartstadt leben und lebten auch sehr ernste Menschen. Dichter, zum Beispiel! Trakl, nach dem ein neu erbauter Steg benannt wurde, hüllte seine Geburtsstadt poetisch in „Gold und Blau". Er roch in ihr „Weihrauch, Teer und Flieder" und sah Rösser aus dem Brunnen tauchen. Wahrscheinlich meinte er die vom Residenzbrunnen. Als Kind verstand ich allerdings nicht, warum Pferde aus den Nasenlöchern ihr kleines Geschäftchen verrichten. Diesbezüglich wird sich der gebürtige Salzburger wohl keine Gedanken gemacht haben. Ahnungsvoll schrieb er vom „Verfall" und sah stets schwarz. Ein Hellseher? Ähnlich wie Kubin, der ein zweijähriges Gastspiel in der Salzburger Staatsgewerbeschule im „Baufach" gab, hat er wohl das „Grausen" gelernt, als er der Kriegsfurie begegnete und sein Leben über Bord warf.

Einem anderen Dichter, dem Schöpfer der „Schilflieder" und einer, der zur damaligen Zeit sogar schon in Amerika war, gefiel die Umgebung von Salzburg besser als die Stadt selbst mit ihren „12.000 Philistern", wie er dies auf seinen mehrmaligen Durchreisen anmerkte. Das kann man verstehen, wenn er ausgerechnet in dieser Stadt von Zahn- und Halsschmerzen geplagt wird und seine Verzweiflung mit Salzburger Nockerln zu dämpfen versucht. Ob es da wirklich keine anderen Möglichkeiten gab, einem solchen Leiden zu Leibe zu rücken? Schließlich besuchte er zwei Friedhöfe und schrieb das Gedicht „Der Salzburger Kirchhof". Die Gasthöfe dieser Stadt fand er unbequem und den Kaffee schlecht. In der landschaftlichen Umgebung sah er keine Harmonie, keinen Plan und keine Schönheit – da ein Berg, dort ein Stück Ebene, die Berge sind wie dem Herrgott aus der Tasche gefallen, meinte er. Für die Salzachöfen mit ihrer Zerrissenheit jedoch konnte er sich sehr begeistern. Ja, dieser Nikolaus Lenau trug sich sogar mit dem Wunsch, in dieser Schlucht eine Hütte zu bauen … Was es nicht alles gibt!

Vom Kapuzinerberg hat man eine prächtige Aussicht auf die Stadt, die nicht nur der Märchendichter Hans Christian Andersen genossen hat, sondern auch ein Papst, der sogar in dem dortigen Kloster nächtigte. Auch diesen Besuch muss der Kugelwappen-Erzbischof Wolf Dietrich vorausgesehen haben, sonst hätte er nicht die Kapuziner nach Salzburg geholt. Sie sollten in Sachen Gegenreformation die katholischen Kastanien aus dem protestantischen Feuer holen, das Luther mit seinen Thesen angefacht hat. Früher stand an der Stelle der jetzigen schlichten Kirche das Trompeterschlössl. Ins Innere gelangt man durch Portale des alten Doms. Das Herz eines Erzbischofs, von welchem schon die Rede war, wird im dortigen Kloster verwahrt. Von diesem stammte auch die herrliche Villa, wo Stefan Zweig später literarisch Hof hielt, bevor die braune Überschwemmung den Hausherrn, an den die Wegbezeichnung auf den Berg hinauf und eine Büste dort vor der Kirche erinnert, weit fortspülte. Jenseits des alten Kontinents freute ihn das Leben auch nicht mehr. Mit der Lebensfreude war es bei einem anderen Dichter schon in jungen Jahren nicht weit her. In seiner angeblichen Hassliebe zu dieser Stadt schimpfte er sich in seinen Werken über diese und seine Bewohner gehörig aus, obwohl es hier zwar „Alte Meister", aber immer noch keinen „Heldenplatz" gibt. Vielleicht mochte er den Makart und seine schwülen Bilder nicht. Es steht eben nicht jeder auf ein „Rosenwunder".

Statt des Zauberflötenhäuschens, das man aus Wien anschleppte und auf dem Berg der Kapuziner, der zuvor Imberg hieß, postierte, befindet sich nun die Büste vom Meister selbst. Im Fundus ewiger musikalischer Werke ist und bleibt dessen „Zauberflöte" ein musikalisches Kleinod. Das Häus-

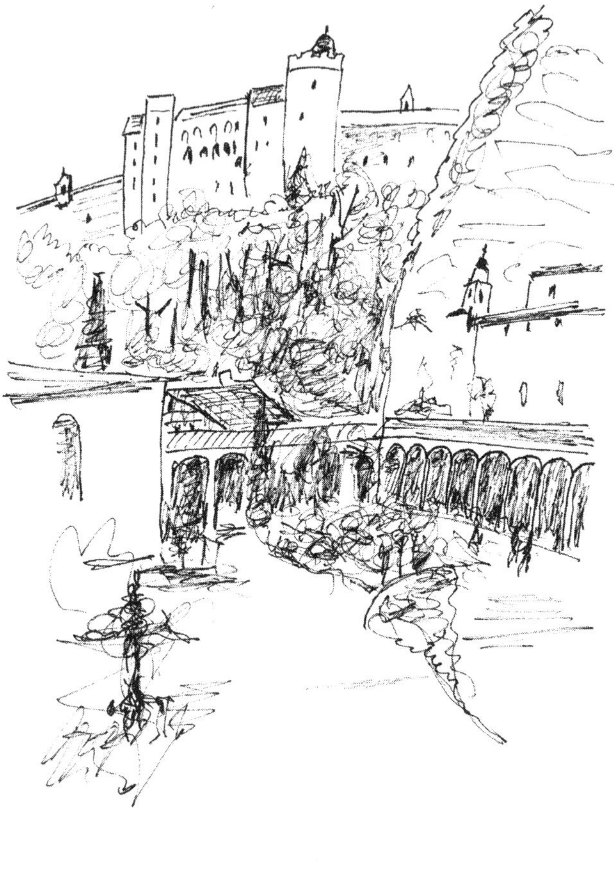

chen, in welchem er diese Oper komponiert haben soll, steht nun im Bastionsgarten. Dieser befindet sich ganz in der Nähe steinerner Zwerge, die man in einem Kreis aufgestellt hat und die bei näherem Hinsehen nicht sehr viel Anziehendes haben. Schon zur Steinzeit siedelten sich auf diesem größten und höchsten der drei Stadtberge, die wie grüne Salzburger Nockerl anmuten, Menschen an. Wildschweine, die sich dort später herumtrieben, rottete man aus, dass man jetzt ohne deren Belästigung herumspazieren kann. Nicht zur Jagd, aber zum Kegelscheiben bestieg sogar ein Kaiser diesen Berg. Nun tummeln sich dort Gemsen, die zuweilen auch Stadtspaziergänge unternehmen – Waidmannsheil!

Der Mönchsberg im linken Stadtteil ist der kleinere Bruder des Kapuzinerberges und hat noch den Festungsberg mit der Burg im Schlepptau. Auf einer Felsnase desselben in Richtung Süden befindet sich das Stift Nonnberg. Zur Zeit von Rupertus stand dort schon ein Frauenkloster. Der Heilige brachte nämlich seine Nichte Erentrudis von Zuhause mit, die er zur Äbtissin machte und die auch heilig wurde. In der Kirche und in einer Kapelle des Klosters sind noch gotische Flügelaltäre zu bestaunen. Besonders zur Maienzeit lohnt es sich, da hinauf zu pilgern und im Kircheninneren dem wundersamen Gesang der Nonnen zu lauschen, wenn Maria, die Maienkönigin am Hochaltar, umringt von Blumen und Weihrauch, in den Litaneien um Gnade angefleht wird.

Über den sogenannten „Hohen Weg" gelangt man schließlich von dort auf die Festung oder den Mönchsberg. Auf diesem richteten es sich viele Prominente häuslich ein. Zum einen wieder einmal der Fürsterzbischof mit dem Kugelwappen, der dort oben eine Sommerresidenz erwarb. Später dann der Maler mit dem berühmten Salzburgbild, das so verwackelt aussieht, als wäre es während eines Erdbebens gemalt worden. Kokoschka war aber kein gebürtiger Salzbürger wie Makart. Auf einem Schlössl dort oben wohnte auch Peter Handke, das ist der mit „der Angst des Tormannes vor dem Elfmeter". Inzwischen hat sich längst gezeigt, dass sich weniger der Tormann zu fürchten hat, die Lederkugel nicht zu fangen, sondern der Schütze, diese zu verschießen! Aber was verstehen schon Literaten von Fußball. Den Mönchsberg nannte man auch „Pensionistengletscher" – nicht, weil da oben auch betagte Äbte ihre Sommerresidenz hatten, sondern wohl deshalb, weil damals es ältere Leute gerade noch schafften, einen Berg von dieser Höhe zu besteigen. Jetzt wollen gesundheitsbewusste Pensionisten schon längst viel höher hinaus – zumindest aber auf Berge, wo keine Autos herumfahren.

Nach einem Bergsturz, der für die Häuser und deren Bewohner unter dem Mönchsberg fatale Folgen hatte, entstanden steile Wände, auf denen man viel später einen Aufzug montierte, mit welchem man mühelos nach oben gelangte. Alsbald aber hielt man nichts mehr von einer Aussichtsfahrt den Berg hinan, und zu langsam war dieses Vehikel wohl auch, so baute man im Inneren desselben nicht nur Garagen zum Parken, sondern auch einen Lift, der auf Knopfdruck pfeilschnell nach oben schnellt – mitten in ein modernes Museum hinein, für welches man eigens eine Notbrücke bei der Monika-Pforte in Mülln bauen musste, dass die Kunstwerke dorthin transportiert werden können. Den Felsstürzen aber beugt man vor, indem man Bergputzer die lockeren Felsen Jahr für Jahr abschlagen lässt. Sie baumeln da an Seilen und geben Kommandos, dass man sie hinaufzieht oder hinunterlässt. In der Volksschule lernten wir sogar ihre Namen, die sie auch noch heute tragen – Jaga, Hauser, Brandauer, so viel ich mich noch erinnere ... Ausgerechnet im Geburtsjahr Mozarts ereignete sich ein solcher Bergsturz. Niemand ahnt, dass in diesem Bergesinneren nicht nur für zahlreiche Autoabstellplätze gesorgt ist, sondern dass hier Mengen von Wasser in riesigen Speichern für die Salzburger Bevölkerung bereit stehen.

Wenn es in Salzburg weihnachtet, grüßen erleuchtete Christbäume von den Stadtbergen. Einer davon steht auf dem Nonnberg, einer am Kapuzinerberg, und einer vor der Stiftskirche Mülln, wo der Erzbischof mit der Wappenkugel das

Augustiner-Eremitenkloster gründete. Jetzt wirken dort Benediktiner und betreiben das angrenzende Bräuhaus samt schattigem Gastgarten. Das Bierbrauen verstehen sie. Als Kinder durften wir immer die schweren Maßkrüge an der Schank anfüllen lassen. Auf dem Transport zum Jausentisch gingen da immer einige Schlückchen verloren, die man elterlicherseits freundlicherweise als verschüttet einstufte. Auf dem Heimweg zurück über den Mönchsberg war die familiäre Stimmung meist wesentlich gehobener als auf dem Hinweg, wo man stets überlegte, schon beim Stieglkeller einzukehren, von wo aus man doch einen weit besseren Ausblick auf die Stadt hätte und wohin man das Bier aus der Brauerei, deren Gründung auf das Jahr zurückgeht, wo Kolumbus Amerika entdeckte, noch immer liefert. Ob sich dieser Umstand auch auf die Qualität des Gerstensaftes niederschlug, ist nicht bekannt. Wer nicht auf oder über den Berg zum Biertrinken wandeln möchte, hätte mitten in der Stadt das Sternbräu als Alternative! Über dem Gebäude befindet sich noch immer ein riesiger Stern, der schon zu meiner Schulzeit des Abends in die Klassenzimmer leuchtete, bevor diese der Spitzhacke zum Opfer fielen.

Wer lieber Kaffee trinkt statt Bier, tut dies am besten dort, wo schon Berühmtheiten diesem zugesprochen haben – nämlich, wo die Ober geduldig ein Glas Wasser nach dem anderen den Zeitungslesern und Schachspielenden servieren. Da wäre zum einen das Haus am Alten Markt beim Florianibrunnen zu empfehlen – das erste Kaffeehaus in dieser Stadt! Zahllose Festspielkünstler gehen und gingen da aus und ein. Bahr, Hofmannsthal und Zweig sollen dort Stammgäste gewesen sein. Auch dessen Gastgarten kann sich sehen lassen. Die Chancen, von diesem aus auch gesehen zu werden, sind groß. In dessen Nähe befindet sich ein Wetterhäuschen, wo sich feststellen lässt, wie viele Meter man sich über dem Adriatischen Meer befindet. Gegenüber dem Florianibrunnen sorgt die fürsterzbischöfliche Hofapotheke für entsprechende Medizin, wenn man nicht schon beim Anblick der Rokokoeinrichtung gesundet, weil da das Herz einfach höher schlägt. Man kann natürlich in Sachen Kaffee auch fremdgehen – das heißt, auf die rechte Salzachseite wechseln, wo nahe am Flussufer dieses Getränk angeboten wird. Wer aber den Gang über die Brücke scheut, findet am Alten Markt noch eine Konditorei samt Café, die den Anspruch darauf erhebt, einstens die echte Mozartkugel kreiert zu haben. Auch der Mozartplatz wartet mit einem geschichtsträchtigen Kaffeehaus auf. Schließlich gab es dort einmal eine Eisenhandlung, die der Vater Trakls betrieb. Dessen dortiges Geburtshaus wird oft besucht. An dem damaligen väterlichen Betrieb zeigte der Dichter jedoch keinerlei Interesse.

Schon einmal, als man daran ging, ein Künstlerhaus zu bauen, verirrte sich ein Schah nach Salzburg. Der fürsterzbischöfliche Familienvater vom Mirabellschloss, der die Stadt einst so umkrempelte, dachte wohl an vieles, was die Zukunft der Stadt betraf. So überlegte er auch, wo denn bedeutende Häupter fürstlich empfangen und unterzubringen wären. Dafür war das Gebäude der Residenz vorgesehen. Doch rechnete er wohl nicht damit, dass viel später bei einem abermaligen Besuch eines Pfauenthronherrschers dieser die Huldigungen der Menschenmenge vor der Residenz nicht entgegennehmen konnte, da der Erzbischof es verabsäumt hatte, an dessen vorderer Fassade einen Balkon anzubringen. Schahs zeigen sich nicht an einem Fenster, obwohl sogar Päpste da eine Ausnahme machen! Kurzerhand siedelte man damals dessen Fans auf den Domplatz um, wo er sich auf dem dortigen Balkönchen präsentierte, ehe man ihm in seinem Land den Laufpass gab.

Der Schnürlregen war Spielverderber für Schaulustige, als einst Kronprinz Rudolf mit seiner Braut, vom Bahnhof kommend, zur Residenz fuhr. Die mit Schimmeln bespannten Hofequipagen blieben geschlossen. Die Huldigungsansprachen waren kaum zu hören – das himmlische Nass trommelte zu heftig auf die Schirme der Wartenden. Auf der breiten Treppe zum Carabinierisaal in der Residenz empfingen 150 weiß gekleidete Jungfrauen, die Blumen streuten, das Paar. Eine Wetterbesserung machte es jedoch möglich zu sehen, wie man den Residenzplatz samt Brunnen des Abends in ein bengalisches Licht tauchte und sich Fackelzüge formierten. Leutselig zeigten sich irgendwann auch die kaiserlichen Herrschaften später an den Fenstern im 2. Stock. Man sieht, es geht auch ohne Balkon! Nachts reiste der Kronprinz wieder ab, seine künftige Frau übernachtete im 3. Stock der Residenz. Am nächsten Morgen bekam sie sogar ein Ständchen vom Gesangsverein, während ihr Vater, der König Leopold der II. von Belgien, den Mönchsberg bestieg. Dann ging es nach Wien zum Hochzeiten ... In diesem ehrwürdigen Gebäude gibt es nach wie vor Empfänge für bedeutende und auch weniger bedeutende Leute, vor allem in der Festspielzeit, auch wenn es dem „Schilflieder"-Dichter so düster und finster vorkam und er dieses als „Pfaffennest" bezeichnete. Der Hof der Residenz eignet sich vorzüglich für Darbietungen aller Art. Ich erlebte dort unter dem nächtlichen Sternenhimmel sogar eine Entführung – nämlich die aus dem „Serail".

Die Burschenherrlichkeiten aber sahen nach der Wiederbelebung der Universität anders aus. Zwar wird das „Gaudeamus" noch immer gesungen, aber einen Degen dürfen die Herren Studenten nicht mehr tragen. Das war in den Gründerzeiten unter dem Erzbischof mit dem Löwenwappen und dem Herz bei den Kapuzinern oben schon anders. Viele weibliche Wesen werden sich dazumal wohl nicht in diese Uni verirrt haben, auf der man nicht nur Medizin, Jus und Theologie studieren konnte, sondern auch Philosophie. Die reine und praktische Vernunft geistert heute noch dort – wie auch damals zu Lebzeiten des Mannes, der aus Königsberg nicht herausgekommen war –, in den Köpfen der Professoren und Studierenden herum. Dies, obwohl sie vielen Studierenden als ziemlich unpraktisch erscheint. Aber das tut nichts zur Sache! In einer Berliner Zeitschrift soll dieser Philosoph „vom Ende aller Dinge" geschrieben haben. Dieses sähe er dann als gekommen, wenn das Christentum aufhören würde, liebenswürdig zu sein. Ja, hat denn dieser Mann verschlafen, dass das schon zu seinen Lebzeiten der Fall war? Allerdings dürfte er bei guter Gesundheit gewesen sein, sonst wäre er wenigstens einmal als Durchreisender zur Kur nach Gastein in Salzburg aufgetaucht wie der Schopenhauer mit seiner „Welt als Wille und Vorstellung", die man in der Mozartstadt auch noch immer lehrt. Dieser war ein Fan von Mozart und hatte die philosophische Denkerstirn, dem Richard Wagner, das ist der mit dem Schwan und dem Lohengrin, zu empfehlen, die Musik an den Nagel zu hängen und ein Dichter zu werden. Im Gasthaus „Zum goldenen Schiff" am Residenzplatz soll er logiert haben – aber die Zeitungen schreiben viel, wenn der Tag lang ist.

Salzburg ohne die Festung wäre wie Wien ohne Stephansdom oder Paris ohne Eiffelturm. Ganz zu schweigen, dass dort oben einmal Franz Karl Ginzkey Burghauptmann war. Aber das weiß ohnedies kaum jemand. Und wer liest noch „Hatschi Bratschis Luftballon"? Hinter den dicken Mauern würde man kaum herrliche Fürstenzimmer vermuten. Die Herrscher von damals wussten zu leben! Vielleicht ahnten sie beim Bau der riesigen Kuenburgbastei, die man noch immer nicht weiß angestrichen hat wie die anderen Wände und die Türme, dass die Nachwelt diese einmal für das Abschießen von Feuerwerkskörpern benötigen würde, damit den Salzbürgern ein Licht aufgeht, wenn nicht gerade die Nordlichter am Himmel herumgeistern. Von der Burg hat man einen wunderschönen Blick auf die Stadt, auch nachts – die Pechpfannen und Öllampen haben schon längst ausgedient, sodass sich nunmehr der Lichterglanz sehen lassen kann.

Es gab eine Zeit, da verbrannte man an der Salzach den Sunnawend-Hansl, eine Strohpuppe – zum Zeichen dafür, dass die Sonne zu ihrer Höchstform aufgelaufen war und sich nun wenden kann. Auf Holzgestellen ließ man aus diesem Anlass viele Lichter die Salzach hinunterschwimmen. Von der Festung oben sah da der erleuchtete Fluss gar wunderschön aus. Mit seinem Hang, zuweilen Hochwasser zu führen und Brücken mitzureißen, war er vielleicht solcher Festlichkeiten ohnedies nicht würdig genug. Außerdem drückte der

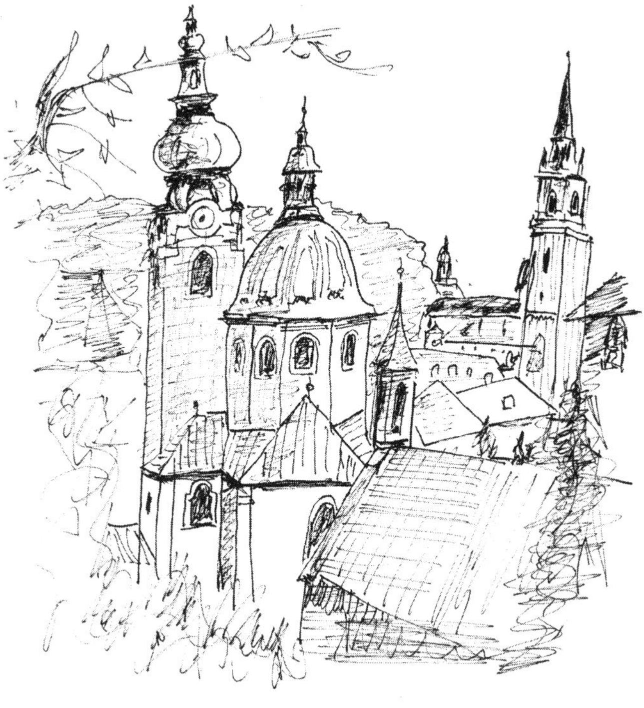

Wettergott zu dieser Zeit oft nicht einmal nur ein Auge zu. Die Höhenfeuer ringsum auf den Bergen zur Begrüßung des Sommers dienten auch schon anderen Zwecken. Kaum zu fassen, dass da einmal Tausende mit Fackeln auf den Mönchsberg marschierten, um dort ein Spektakel im Rahmen germanischer Sonnenspiele zu veranstalten. Nachts soll man sehr schön auf der Rositten am Untersberg ein hell entflammtes Hakenkreuz zu sehen bekommen haben, ehe man dann sich wieder besann und solche gefährlichen Spiele mit dem Feuer, aus denen leider blutiger Ernst wurde, sein ließ.

Was aber wäre Salzburg auch ohne die vielen Türme ihrer Kirchen – eine Menge gibt es davon, doch dem Liederfürsten aus Wien dürften die meisten Gotteshäuser zu dunkel gewesen sein, denn er schwärmte in einem Schreiben an seinen Bruder eigentlich diesem nur vom Dom, „einem himmlischen Gebäude", vor, das er auch ausführlich beschreibt. Besonders gefiel ihm das Licht, das durch die Kuppel fällt und jeden Winkel erleuchtet. Diese außerordentliche Helle löse seiner Meinung nach eine göttliche Wirkung aus, die „allen Kirchen anzuempfehlen" wäre. Schubert muss damals Salzburg als eine Geisterstadt erlebt haben, denn er stellte fest, dass es hier wenig Einwohner geben würde, viele Gebäude leer stünden, und auf den Plätzen, „deren es viele und schöne gibt, wächst zwischen den Plastersteinen Gras, so wenig werden sie begangen" ... Von Wien war der Schubert Franzl wahrscheinlich anderes gewöhnt. Und, obwohl im Sternzeichen ein Wassermann, schien er zu Wasserfahrzeugen wenig Vertrauen gehabt zu haben, denn er stieg auf dem Weg nach Gastein nicht im „Goldenen Schiff", sondern im „Gasthof zum Mohren" ab.

In Gastein war er nicht nur zur Kur, sondern auch zum Komponieren. Was er da schrieb, war aber lange Zeit verschollen, jedoch wusste man, dass es sich um eine vollendete Symphonie handelte. Der Landschaft um die Mozartstadt herum zollte er in seinen Beschreibungen höchste Anerkennung. Auch den Mönchsberg bestieg er. Vom Nonnberg rühmte er die wunderbare Aussicht. Natürlich musizierte er hierorts. Sogar die Frau von Mozart hörte ihm zu, obwohl er, so scheint es wenigstens, den Michael Haydn mehr verehrte als deren verstorbenen Mann. Die hohen Berge hinter dem Pass Lueg fand er eher schrecklich und die Schluchten entsetzlich – ganz im Gegensatz zum Nikolaus Lenau!

Der Vater des mozärtlichen Wunderknaben ging bei der Wahl seines familiären Wohnsitzes sehr bedacht vor. Er sorgte dafür, dass sein Sohn eine Kirche, nämlich die barocke Kollegienkirche mit den Kirchenvätern auf den Türmen, vor Augen hatte, sodass dieser, wenn er aus dem Fenster blickte, seine Eingebungen für Kirchenmusik bekäme. Das war gut so, denn werden heutzutage seine Messen in den Kirchen gespielt, sind diese auch gesteckt voll. Sonst eigentlich weniger – außer zu Weihnachten und zu Ostern. Aber für den Fremdenverkehr sind die Gotteshäuser von großer Wichtigkeit. Bei freiem Eintritt genießen die Kunstinteressierten den Anblick erlesener architektonischer Schönheit. Ohne die Kirchtürme und deren Geläute gäbe es auch nicht den ergreifenden Glockenjubel, der die Mozartstadt nicht nur zu den kirchlichen Hochfesten oder beim Einläuten des Advents in eine unbeschreibliche himmlische Klangwolke taucht, wenn sie vor Ostern nicht vorübergehend nach Rom unterwegs sind.

Inzwischen ist Salzburg in aller Welt bekannt. Über die Medien gehen die Bilder dieser Stadt um den Erdball. Zwar rührt man nach wie vor die Werbetrommel, denn man kann nie genug bekommen an Einnahmen aus dem Fremdenverkehr. Vorbei jedoch ist die Zeit, wo sich tatsächlich ein Herr Sattler daran machte, ein riesiges Panoramabild von dieser Stadt zu fabrizieren, um dieses dann auszustellen, um damit Besucher anzulocken. Mit diesem Kunstwerk kam er viel herum. Dieser Werbung bedarf man wohl nicht mehr. Nach einem Dornröschenschlaf fand nun dieses Rundgemälde im ehemaligen Hauptpostgebäude, wo man früher postlagernde Briefe abholen konnte, seinen Platz.

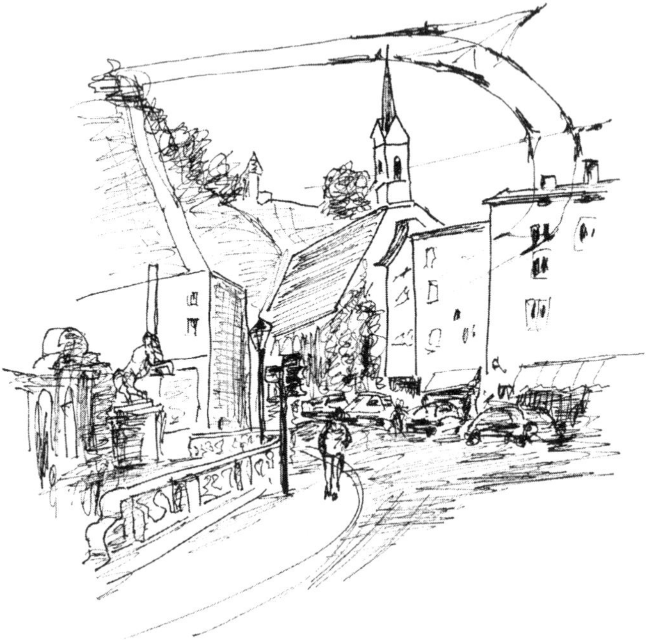

Da gab es auch einen Erzbischof, von dem noch immer die Steine reden – wenn auch auf lateinisch. Das ist der, der den Mozart mögen und einen Berg durchstochen hat. Damit bewies auch er einen Weitblick in die Zukunft, die künftigen Verkehrsprobleme dieser Stadt betreffend. In weiser Voraussicht wählte er für den Baubeginn den 15. Mai, also den Tag, an dem einmal nach dem 2. Weltkrieg der österreichische Staatsvertrag unterzeichnet werden würde. Bei der Einweihung dieses Loches durch den Berg ertönten 100 Kanonenschüsse! Sogar Mozarts Vater war an diesem Durchstich so interessiert, dass er sich von London aus, wo er mit seinem Söhnchen weilte, über den Baufortschritt informieren ließ. Dieses Meisterwerk von einem Tunnel erregte damals großes Aufsehen. Über dem stadtseitigen Tor prangt das schon erwähnte gemeißelte Gerede von den Steinen nebst dem Konterfei des Auftraggebers, der so wie der heilige Sigismund hieß. Über dem äußeren Portal befindet sich eine Statue dieses Mannes in antiker Ritterrüstung. Damals konnte man nicht wissen, dass man das innere Tor zur Anbringung einer Fahne mit der Aufschrift „ein Volk, ein Reich, ein Führer" missbrauchen würde, was insofern zu Missverständnissen führte, als manche glaubten, der Sigismund von Schrattenbach wäre wieder aus dem Jenseits zurückgekehrt und die Stadt wieder fest in geistlicher Hand ...

Lange zuvor aber schon wurde der Mönchsberg unterirdisch durchbohrt, sodass Wasser vom Untersberg und vom Königssee in die Stadt fließen konnte. Da es in früheren Zeiten noch keine Müllabfuhr im heutigen Sinne gab, wurde Wasser, das man in die Straßen und Gassen leitete, samt dem Unrat in die Salzach gespült. Man muss sich das vor Augen führen, wenn man heutzutage durch die Getreidegasse schlendert, falls man das angesichts der Menschenmassen, die dort zu Mozarts Geburtshaus strömen, überhaupt kann. Diese Wasserstraße, die damals dem Abfall zu Leibe rückte, nennt sich Almkanal und wird einmal im Jahr abgelassen, um notwendige Reparatur- und Reinigungsarbeiten durchführen zu können. So ergibt sich die Möglichkeit, trockenen Fußes in diesem Bachbett unter dem Berg hindurchzumarschieren. In einer Vollmondnacht stieg auch ich einmal beim Schartentor in dieses ein. Für Leute mit Platzangst ist ein solches Unterfangen weniger geeignet. Manche sind danach heilfroh, im Friedhof von St. Peter wieder ins Freie zu gelangen. Unter dem Mönchsberg verzweigt sich das Kanalsystem, und so kommen an verschiedenen Stellen an den Salzachufern auch die Wasser wieder ans Tageslicht. Für den Stadtteil Mülln, wo zur damaligen Zeit die Mühlen wie die Schwammerl aus dem Boden wuchsen, war dieser Arm des Kanals von ganz besonderer Bedeutung.

Jede Stadt, die auf sich hält, hat einen Bahnhof. Unserer soll angeblich einer der scheußlichsten sein weit und breit, darum muss er abgerissen oder umgebaut werden. Doch so lange ist das nun auch wieder nicht her, dass er ein Vorzeigebahnhof war – der krönende Endpunkt der Kaiserin-Elisabeth-Bahn, umgeben von grünen Wiesen! Zur Einweihung kam sogar die Sisi mit der ersten Dampflokomotive auf Salzburger Boden samt ihrem Kaiser angereist. Auch der König von Bayern rollte an. Und damals, so scheint es, war diese Baulichkeit mehr als tauglich. Auf dem Bahnhofsvorplatz steht wieder das Denkmal der Kaiserin Elisabeth, das vorübergehend im Hellbrunner Park zwischengelagert war und dort auch noch den Standort wechselte. Am Waagplatz befand sich das Hotel „Erzherzog Karl", in welchem die kaiserliche Hoheit sogar übernachtet haben soll – und nicht nur sie, sondern auch der Kaiser Wilhelm I. und der Fürst Bismarck.

Irgendwann reicht es einer Stadt nicht mehr, mit Bus, Bahn und Auto erreichbar zu sein. Die Zeit bleibt nicht stehen! Der Verkehr verlagerte sich samt Lärm auch in die Luft. Zwar gibt es keinen Zeppelin mehr, der die Mozartstadt überfliegt, jedoch jede Menge Flugzeuge, die irgendwo auch landen müssen. Kein Wunder, dass der Himmel über Salzburg mit Fliegern oftmals gerammelt voll ist. Die Rollbahn, auf der sie sich niederlassen oder abheben, ist weder zu übersehen noch zu überhören. Beim Start und bei der Landung erspäht man von

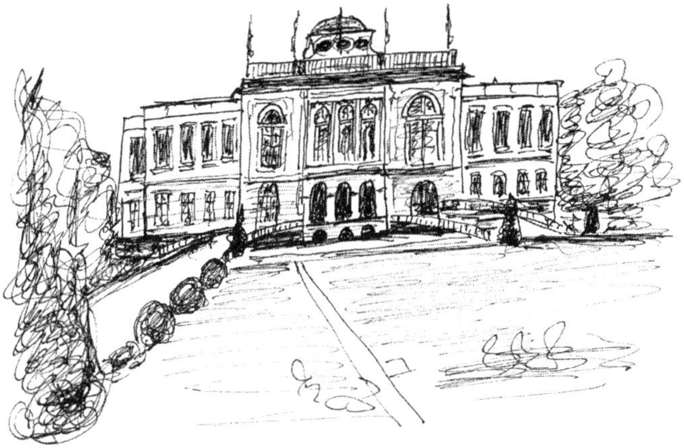

der Luft aus das schon erwähnte profane Bauwerk Fischer von Erlachs. Weder dass der „Führer" vorhatte, in diesem einmal den Weltfrieden zu verkünden und bei dieser Gelegenheit dem Tausendjährigen Reich den Sanctus zu geben, noch, dass man in unmittelbarer Nähe ein Stadion errichten würde, konnte dazumal der Barockbaumeister nicht ahnen – scheinbar reden nicht nur Steine von ihren Erbauern, sondern auch Fußbälle ... Die Vorstellung aber, dass aus diesem Schloss einmal ein Casino werden würde, hätte den Meister damals gewiss davon abgehalten, sich auf so ein Bauvorhaben einzulassen – sehr zum Leidwesen der Spielsüchtigen von heute, obwohl diese dort oft so viel Geld verlieren, dass die von ihnen im Schlossgarten geparkten Autos nicht mehr ihnen gehören und sie arm wie Kirchenmäuse ihr künftiges Dasein fristen müssen.

Auch in der Arena nebenan gibt es hängende Köpfe, wenn das Spiel nicht so läuft, wie man sich das vorstellt. Das Walserfeld, wo Schloss und Stadion zu finden sind, ist ein ganz besonderer Ort – ein sagenhafter im wahrsten Sinne des Wortes. Dort steht nämlich ein Birnbaum. Viele Male soll er schon umgehauen worden sein, doch was so ein richtiger Märchenbaum ist – er wächst stets nach und trägt reichlich Früchte. Wenn Salzburg wieder in Bedrängnis geraten soll, sagt man, würde der Kaiser Karl aus dem Untersberg kommen, seinen Schild an einen dürren Ast dieses Baumes hängen und mit seinen Heerscharen rettend eingreifen. Bisher jedenfalls hat er noch alle Notfälle verschlafen ...

In Salzburg prägen auch Mönche das Stadtbild. Die einen tragen braune Kutten mit Kapuzen, die anderen gehen in Schwarz. Letztere heißt man Benediktiner. Sie sind schon lange Zeit im Klosterbezirk von St. Peter stationiert. Sozusagen mitten im Herzen Salzburgs, wo sich Rupertus ansiedelte. In der anfänglich romanischen Kirche dort liegt der Heilige begraben. Den angrenzenden Friedhof, der sich unterhalb der steil abfallenden Mönchsbergwand befindet, haben viele Dichter besungen – weniger die Katakomben, die frühe Christen in den Fels schlugen, um sich dort zu verstecken. Man glaubt immer, der Rupertus hätte mit seinem Auftrag, den christlichen Glauben zu verbreiten, ganz bei null angefangen. Stimmt nicht! Bevor die Römer bald nach Christi Geburt an der damaligen Igonta auf- und nach dem Zerfall des Reiches wieder untertauchten, siedelten sich hierorts Kelten an. Unter ihnen gab es auch schon Christen, die nicht gewillt waren, den römischen Göttern zu huldigen. So mussten sie sich in den Felshöhlen, wo sie auch den Tod fanden, verstecken.

Neben der Kirche befindet sich der in den Felsen gehauene Peterskeller mit dem Haydnsaal, benannt nach einem zugereisten Hofmusikus, der dort sehr oft zu Gast war – vor allem, wenn seine Gläubiger hinter ihm her waren und seine verschwenderische Gattin ihm auf die Nerven ging. Mozarts Vater ließ den in Paris weilenden Sohn seine Sorge wissen, der Musikus könnte dem Suff verfallen. Doch Michael Haydn lebte noch lange Zeit ganz kreuzfidel. Jedenfalls schwingt man heutzutage vom Balkon dieses Gebäudes die Metzgerfahne, und am Platz vor der Kirche gibt es ausgerechnet zur kalten Jahreszeit den sogenannten „Metzgersprung" zu sehen, wo die freigesprochenen Gesellen sich in ein Fass Wasser stürzen, um Mut zu beweisen. Vielleicht traut man ihnen dann ihr Handwerk eher zu.

Auf diesem Platz sah ich erstmals in meinem Leben einen lebendigen Elefanten. Ob das ein Abkömmling von Hannibals Dickhäutern war, mit denen er über die Alpen zog, um die Römer zu ärgern, ist nicht verbürgt, aber auch nicht auszuschließen. Man muss sich nur vorstellen: Ein grauer Elefant vor einer weißen Braut, der ihr vor dem Kirchentor mit seinem Rüssel einen Blumenstrauß übergibt! Vielleicht hätte er das Grünzeug gefressen, wenn er nicht nach vollbrachter Tat unverzüglich einen Brotstrutzen gereicht bekommen hätte. Gierig stopfte er dieses Backwerk in sein weit aufgerissenes Maul und trompetete vergnüglich. Auch einem kleinen Kind bleibt angesichts einer Zeit der Not bei so einem vermeintlichen Frevel der Mund offen. Doch so ein Zirkuselefant wird

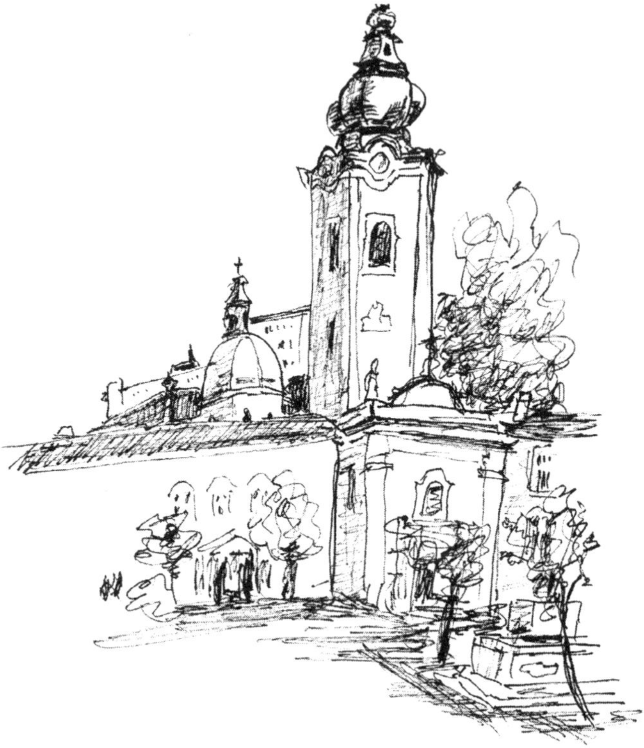

damals auch nicht viel zu beißen gehabt haben. Und so eine Zirkushochzeit war seinerzeit für Schaulustige allemal eine erwünschte Abwechslung in ihrem Alltagsleben. Wenn heutzutage ein Zirkus die Stadt beehrt, ist das lange nicht mehr so wie früher, wo halb Salzburg zusammenlief, wenn einer im Volksgarten seine Zelte aufschlug und damit punktete, dass Wassermassen in die Arena stürzen oder mitten im Sommer auf einer Eisfläche Künste gezeigt würden.

Damals ging noch ein Plakatträger durch die Getreidegasse und machte, sozusagen als lebende Litfasssäule, Werbung – nicht nur für Zirkusveranstaltungen. Wie ein Kleidungsstück trug er die umgehängten Pappendeckel auf Brust und Rücken. Überdies war er sehr groß und ganz und gar nicht zu übersehen. Heutzutage übernehmen städtische Verkehrsmittel die Reklame für alles Mögliche. Ständig verpasst man ihnen für Werbezwecke ein neues Outfit, sodass man sie in ihrer Maskerade kaum noch erkennt. Anfangs waren diese bunten Fahrzeuge schon gewöhnungsbedürftig. Wie das wohl aussehen würde, wenn Ordensleute mit Bibelsprüchen an ihren Gewändern für ihre Religion Reklame machen würden? Doch auch ohne ein solches Zubehör legen sie mit ihrer Kleidung Zeugnis für ihren Glauben ab – besonders in der Sommerhitze ...

Die Franziskaner in Salzburg unterscheiden sich von den Kapuzinern durch ihre Wirkungsstätten. Letztgenannte Mönche leben, wie schon erwähnt, auf dem gleichnamigen Stadtberg rechts der Salzach, Erstere inmitten der Altstadt samt Kirche, die auch ihren Ordensnamen trägt und in ihrer kunstvollen Ausstattung mit einer nüchternen Bettelordenskirche wenig gemeinsam hat. Schon lange vor dem Auftauchen dieser Brüder bestand diese schon und wurde später sogar zur Stadtpfarrkirche erhoben, ehe man sie dem Männerkloster, das zuvor eines für Frauen war, überließ. Nach der Romanik und der Gotik hielt das Barock in dieser Kirche Einzug. Während der gotische Flügelaltar damals weichen musste, blieb die Pacher-Madonna erhalten – sie thront nun inmitten des von Fischer von Erlach neu geschaffenen Altars.

Eine Besonderheit dieser Kirche ist wohl der Turm, vor allem dessen Innenleben. Er gleicht einem Campanile – das dazugehörige Gotteshaus befindet sich anbei. Zur Glockenstube hinauf führt, vorbei an handgeschmiedeten Eisentoren, eine kunstvolle Wendeltreppe aus Stein. Oben angelangt, geht es vorbei an zehn Glocken, die da übereinander hängen. Zuunterst befinden sich zwei, die Maria geweiht und über ein halbes Jahrtausend alt sind. Aus einer davon, der schwersten Glocke mit 2650 Kilogramm und einem Durchmesser von 148 Zentimetern, büchste einmal der Schwengel aus. Nicht auszudenken, wäre dieser durch das Turmfenster ins Freie gelangt. Zuoberst bimmelt die Weihnachtsglocke – noch jung an Jahren und mit ihren 64 Kilogramm und 48 Zentimetern Durchmesser ein Fliegengewicht. Von dort führt ein Tor ins Freie. Plötzlich steht man, wo sommers einer der Jedermann-Rufer seinen Dienst tut. Der Blick in alle vier Himmelsrichtungen von der Balustrade da oben, die unter der Spitze um den Turm herumführt, ist atemberaubend. Das mächtige Kirchendach, auf das man auch blickt, mutet wie ein Zelt an. Wenn sich die Sonne in den glasierten Ziegeln spiegelt, funkelt es wie ein riesiger Edelstein. Wo sonst, als an einem solchen Ort, wo einem das Herz aufgeht, soll man dieser Stadt seine Liebe erklären.

Im angrenzenden Kloster soll noch immer der Peter Singer, auch ein Musikus, spuken. Er war Schriftsteller, Komponist und Philosoph. Nach dem 2. Weltkrieg geisterten dort vor allem die Amerikaner herum, und die Mönche mussten sehen, wo sie blieben. So ganz ein Herz und eine Seele sind sie mit den Benediktinern, ihren Nachbarn, nicht. Obwohl sie Brüder sein sollten. Aber was sagt das schon. Der Michael Haydn war ein Bruder vom berühmten Joseph Haydn, doch Letzterer hatte mit Salzburg scheinbar weniger am Hut. Seine geistliche Musik spielen sie aber trotzdem in den Kirchen der Mozartstadt. Wenn seine Messen nur nicht so endlos lang wären! Aber da kommen auch Kirchenbesucher, die man sonst nie in den Gotteshäusern sieht. Man erkennt sie daran, dass sie sich um die kirchliche Liturgie am Altar vorne wenig

Bild 17

kümmern und in musikalischer Verzückung sitzen bleiben, während das gemeine Kirchenvolk den Zeremonien entsprechend sich erhebt oder niederkniet. Aber man muss schon froh sein, dass sie, was die Kleidung angeht, die Gotteshäuser nicht mit einem Badestrand verwechseln.

Der Cousin von Wolf Dietrich, der Erzbischof mit dem Steinbock im Wappen und Markus Sittikus mit Namen, ließ im Süden der Stadt ein Lustschloss errichten, zu welchem eine Allee führt, die wie eine Nabelschnur die Stadt mit den herrlichen Gartenanlagen und Wasserspielen rund um den Hellbrunnerberg verbindet. Vielleicht hatte auch er wie sein Vorgänger einen Weitblick dafür, was sich später einmal fremdenverkehrsmäßig gut vermarkten ließe. Dass man aus dieser Allee noch immer keine Schnellstraße gemacht hat, verwundert wirklich. So aber kann man jedenfalls noch gemütlich in autofreier Umgebung nach dem Süden der Stadt wandern und sich dort an den Gärten, Teichen, dem Schloss und vor allem an den Wasserspielen erfreuen. Mit diesen hatte der geistliche Würdenträger schon zu seiner Zeit seinen Spaß. Besonders interessant ist das Felsentheater hinter diesem Berg, das aus einem ehemaligen Steinbruch entstand. Hier sollen erstmals italienische Opern auf deutschem Boden aufgeführt worden sein. Ich aber wusste an diesem ehrwürdigen Ort nichts Besseres zu tun, als dort als Kind nach Herzenslust Verstecken zu spielen.

Aus der Idee, einem Kronprinzenpaar auf Hellbrunner Boden die Flitterwochen zu versüßen, wurde leider nicht das, was man sich davon versprach. Wahrscheinlich auch deshalb, weil die kaiserlichen Herrschaften nicht im dortigen Schloss selbst untergebracht waren, sondern in einer Villa ganz in der Nähe, um vor den Blicken der Neugierigen geschützt zu sein. Meistens aber hielt sich das junge Paar im Schlosspark und in den dortigen Gebäuden auf. Vor allem auch, um in der Schlosskapelle die Messe zu hören. Die Bediensteten des Schlossrestaurants sollen es gewesen sein, die alles Mögliche und Unmögliche über die Frischvermählten tratschten, da sie diese ganz aus der Nähe zu Gesicht bekamen. Es war kaum zu übersehen, dass sich über deren Ehehimmel schon bald die ersten Gewitterwolken zusammenbrauten, wie die Hofdamen, schon immer unverzichtbare Klatschbasen, zu berichten wussten. Der Kronprinz der Österreichisch-Ungarischen Monarchie ritt meist allein durch die Gegend, während seine angetraute Gemahlin, ein halbes Kind noch, ihre Löckchen vor dem Spiegel frisierte. Die beiden wurden während ihres Aufenthalts sogar von zwei Kaisern besucht. Der deutsche Kaiser Wilhelm I. unterbrach dafür seine Kur in Badgastein, und der österreichische Franz Joseph I., der Vater und Schwiegervater, reiste aus Wien an. Das machte das Kraut des Eheglücks scheinbar auch nicht fett, obwohl man zu Ehren dieser beiden gekrönten Häupter des Abends rundum viele Höhenfeuer auf den Bergen abbrannte, ehe die kaiserlichen Herrschaften abreisten. Auch Kronprinz Rudolf mit seiner Prinzessin verließ den Ort der Lust oder Unlust und steuerten die Goldene Stadt an, um dort einen neuerlichen Versuch ins Eheglück zu starten.

Wenn man vom Nonnberg aus nach dem Süden blickt, lässt sich der Hellbrunner Hügel mit dem Monatsschlösschen, das da im Scheinwerferlicht erstrahlt, unschwer erkennen. Dort, an den Steilabhängen mit Blickrichtung Untersberg und Watzmann, gab es einen Hirschgarten. Aus diesem machte man dann einen Zoo, denn mit Hirschen und Rehen lockte man kaum noch Besucher an. Viel früher, vor 5000 Jahren etwa – wenn das stimmt, waren dort schon jungsteinzeitliche Menschen unterwegs, und da gab es überall wilde Tiere. Der Rainberg, in der Nachbarschaft des Mönchsberges gelegen, bot zu dieser Zeit einen guten Schutz gegen diese. Dort hinaufzukommen, ist auch heutzutage nicht einfach. Eine diebische Freude erfüllte mich, als mir das einmal verbotenerweise gelang – kein Mensch weit und breit dort oben, und eine Stille war da, fast unheimlich. Das muss man einmal erlebt haben! Sehr bald aber traf man entsprechende Vorkehrungen, dass sich Wiederholungstäter keine Chance mehr auf eine derartige Ersteigung ausrechnen konnten. An-

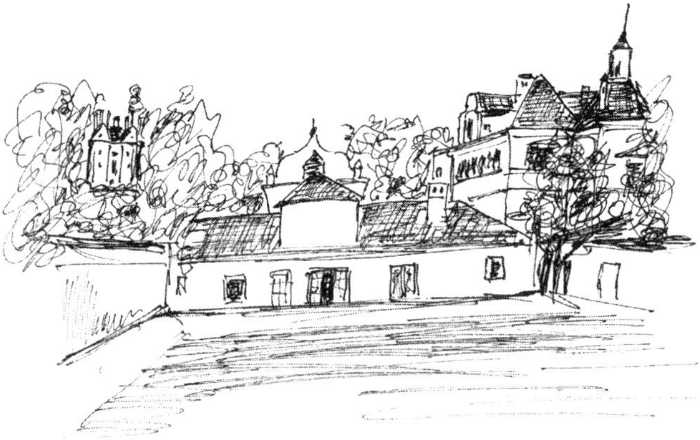

gesichts der Bergwelt aber, die sich rund um Salzburg auftut, nimmt sich diese „Expedition" wohl mehr als bescheiden aus. Schließlich sind da, blickt man gegen Süden hin, so einige Gipfel über 2000 Meter hoch. Durch einen Pass zwängt sich die ehemalige Igonta, und in den Urzeiten schoben da, aus dieser Richtung kommend, Gletscherzungen ihre Moränenhügel vor sich her und ließen sie im Alpenvorland als Mitbringsel zurück.

Auf so einem steht eine Kirche samt Gnadenbild. Von dort aus breitet auch die Gottesmutter ihren schützenden Mantel über die Stadt aus. Die Sicht von diesem Hügel, dem Plainberg, auf die Stadt ist einzigartig – sieht man von den Bausünden, die von dort aus besonders ins Auge stechen, ab. Wen aber kümmert das? Erich Kästner – das ist der mit dem „Fliegenden Klassenzimmer" – soll von der Anmut Salzburgs erschüttert gewesen sein. Eine Erschütterung der anderen Art erfasst Betrachter, wenn sie erleben, wie immer wieder versucht wird, störende Gebäude unter das herrliche architektonische Gefüge dieser Stadt zu mengen und sie damit zu entstellen. Dem Tanz um das Goldene Kalb von Fortschritt und Verkehr muss Tribut gezollt werden. Möge die Gier der Bauhaie nicht zu sehr ins Kraut schießen, dass nicht jedes Fleckchen Grün zubetoniert wird. Vielleicht geht man doch in Zukunft behutsamer mit baulichen Neugestaltungen um und hält tödliche Eingriffe in dieses Juwel einer Stadt fern.

Der Hausberg der Salzburger ist aber der nahe Gaisberg im Osten. Schon Trakl pries dessen sanfte Linien. Der Weltreisende Humboldt hatte ihn vor seiner Südamerikareise erstiegen – zu einer Zeit, wo es noch keine Zahnradbahn da hinauf gab und keine Straße, auf der man auch Autorennen fuhr. Und um den Gipfel tummelten sich weder Drachenflieger noch Paragleiter. Auch Segelflieger starten keine mehr von da oben. Der herrliche Rundblick von dort aber wird nicht anders gewesen sein als heute. Dem Gaisberg gegenüber, sozusagen von Angesicht zu Angesicht, erhebt sich der Untersberg – angeblich ein Wetterprophet: Hat er Hut, sagt man, wird das Wetter gut, hat er einen Degen, gibt es Regen, hat er einen Kragen, kann man es wagen! Fragt sich nur, was ...

Die Besucherinnen und Besucher Salzburgs, einst Fremde genannt, sind nun zu Gästen, zu Besuchern und Touristen geworden, die mit oder ohne Rucksack zu Fuß oder mit Kutsche, Fahrrad oder Auto die Mozartstadt beglücken, da es die Sessel- und Sänftenträger schon lange nicht mehr gibt. Oft gehen sie verkleidet mit Lederhosen und Tirolerhut einher. Spätestens wenn sie nach Mozarts Geburtshaus fragen, kommt auf, dass sie keine Hiesigen sind. In Griechenland bezeichneten die Einheimischen die ersten Besucher aus fremden Ländern als Schwalben. Auch in der Mozartstadt tummeln sich diese. Sie sind an der Salzach zu finden, wenn dort die Möwen den Platz für sie räumen. So ist nicht nur auf dem Fluss immer Betrieb, auch in der Stadt wälzen sich Menschenmassen durch Straßen und Gassen, und es ist nicht mehr vorstellbar, dass es da eine Zeit gab, wo es zu Herbstbeginn schlagartig still wurde, und in der Stadt, wo jetzt das ganze Jahr über ein Kommen und Gehen herrscht – wie in anderen Städten auch –, Ruhe einkehrte und die Bewohner ihre Stadt wieder so ganz für sich hatten. Letztlich aber gehört sie einem niemals allein.

Festspiele gibt es nun schon vielerorts, doch die Mozartstadt in ihrer barocken Heiterkeit ist zusammen mit ihrem Großen Sohn nun einmal d i e Festspielstadt – eine Stadt voll Schönheit zu jeder Jahreszeit. Im Sommer aber, meinte Stefan Zweig, sei sie die europäische Hauptstadt der Musik. Die Konkurrenz schläft nicht, und die Festspielmacher täten gut daran, darauf zu achten, dass das Beste für Salzburg gerade gut genug sein muss – also keine mittelmäßigen Orchester, Schauspieler, Sänger, Dirigenten und Regisseure! Zu einem „Reichenfestival" sollen die Spiele natürlich auch nicht verkommen. Das ganze Jahr über begegnet man an allen Ecken und Enden Straßenmusikanten – oft sehr zum Leidwesen von Menschen, die sich durch diese Art musikalischer Be-

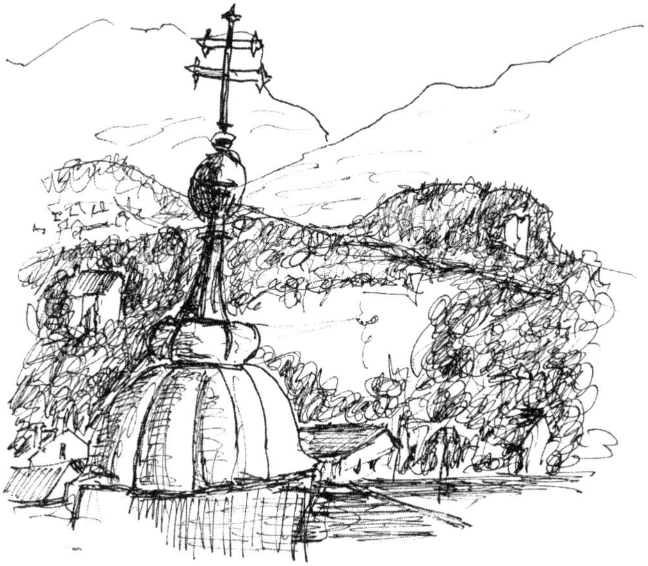

glückung gestört fühlen. Besonders unter den Dombögen ist für sie gut sein. Regengeschützt geben da Harfen, Geigen und Flöten ihre Klänge von sich, auch südamerikanischer Trommelwirbel ertönt da. Auf Schritt und Tritt eröffnen sich in den Gassen und Straßen bezaubernde Ausblicke auf Türme und Bauwerke. Man geht ums Eck, und schon ist ein neues Motiv zur Stelle. Einmal, aber das ist schon lange her, trat da einmal vor meinen Augen ein Mann, vom Waagplatz aus kommend, auf den Residenzplatz und breitete angesichts des Anblicks, der sich ihm da bot, die Arme aus und rief entzückt aus: Such a lovely town! Und er wusste vielleicht gar nichts davon, dass in dieser auch das Glück wohnen soll.

Berühmte Salzburg-Flüchtlinge hatten leider kein ungetrübtes Verhältnis zu ihrer Geburtsstadt. So manche aber sind nicht nur gekommen, sondern auch geblieben. Hermann Bahr ist so einer. Er pries Salzburg als die geheimnisvollste Stadt auf deutscher Erde ... Der Nürnberger Schuster Hans Sachs, ein Meistersinger auf der Durchreise, ließ auf die Stadt sogar einen Lobspruch los, nachdem er sie „umadum" beschaute und sie danach „summa summarum" für einen solchen geeignet hielt. Ob Karl der Große sich auch zu einem solchen herabließ, als er die Stadt beglückte, ehe er sich in den Untersberg zurückzog, ist nicht verbürgt. Dass der Weltreisende Alexander von Humboldt, der als Gelehrter auch die geografische Lage der Stadt und die Meeresspiegelhöhe bestimmte, in Salzburg immer wieder sein Domizil aufschlug und die Gegend um diese Stadt zu den drei schönsten der Erde erklärte, ist doch schon sehr bemerkenswert. Der Jedermann-Dichter aber ist sich sicher, dass das Salzburger Land das Herz vom Herzen ganz Europas sei und dass das mittlere Europa keinen schöneren Raum hätte, sodass hier Mozart geboren werden musste ... Sagt das nicht alles?

Sind sie nicht allesamt Salzburger Nockerl – die hier in dieser Stadt Geborenen wie auch die Entfleuchten – einfach alle, die hier ihre Spuren hinterlassen haben, die Schaffenden und Genießenden? Besonders jene aber, die ihr Herz an diese Stadt verloren haben – genau auf 47,48 Grad östliche Länge und 12,54 Grad nördliche Breite und ca. 424 Meter über dem Meeresspiegel! Dort, wo Vergangenheit allgegenwärtig ist – in den Straßen und Gassen, auf den Plätzen und in den Bauwerken. Aus Stein gefügte Geschichte wird zu lebendiger Wirklichkeit, wo die ganze Welt zu Gast ist, wo die gemeinsame Sprache der Musik Menschen zusammenführt. Wie kann da eine Stadt „vermorschen"? Trakl ist da zu widersprechen! Aber, wer schimpft, der kauft, sagt man ...

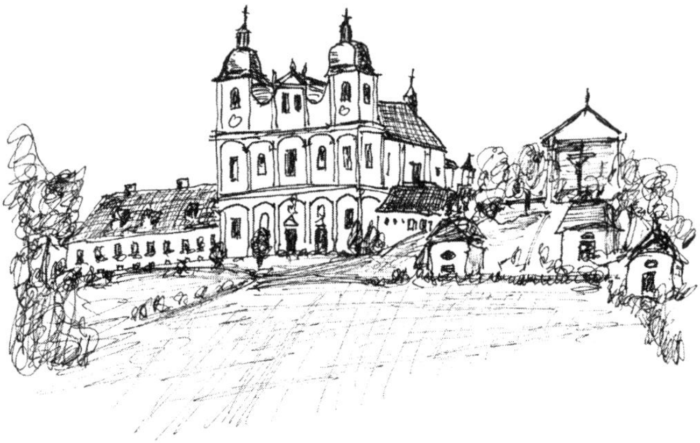

Der Harfenspieler

Noch hatte der Himmel sich nicht entschieden, noch hielt er sich zurück mit seinen Ausschüttungen über die Stadt. Dessen nicht achtend, folgte ich Saitenklängen, die mir entgegenwogten, nach dorthin, wo ich ihren Ursprung zu orten glaubte. Fahl sickerte das Licht durch die zähe Wolkenhaut, bis die Sonne ihr das Loch riss. Dunkles Gewölk schob sich alsbald darüber. Dieses abzustoßen, war die Zeit noch nicht gekommen, wohl aber die, mich fortzustoßen mit seinen Blicken.

Er schaute auf, sprang hoch dann wie ein wildes Tier und auf mich zu – ganz aus Fleisch und Blut und voll des Zornes. Jählings verstummten die Saiten, versiegten die Töne, als wäre einem Brunnen der Garaus gemacht worden – einem, nach dem zuvor ich mich noch verzehrte. Und einer schaute auf uns herab – nicht aus Fleisch und Blut, sondern in Erz gegossen und unsterblich geworden. Ich hatte nichts bei mir, was ich dem Wütenden hätte geben können. Stattdessen hatte ich genommen, mir zu viel herausgenommen – eine Zweisamkeit zu stören vielleicht mit dem da oben auf dem Sockel? Aber das war es nicht. Nichts und niemand war ihm hier erwünscht.

Drohgebärden kamen nun nicht nur von oben. Auch der Harfner erhob seine Stimme. Sie füllte den menschenleeren Platz, der eine Insel der Seligen hätte sein können, und schlug allem ringsum ins Gesicht mit seinen Flüchen, und meine Worte wurden diesen nicht Herr. Hastig griff er nach den wenigen Münzen in seiner Kappe. Eine davon, eine fremde, mir zornig vor die Füße geworfen, machte einen Bogen um mich herum, rollte langsam aus wie der Donner von oben, der zum Erliegen kam vorerst, ehe der nächste schon den Blitz vor sich hertrieb – wie er seine Verwünschungen, die mich trafen, einschlugen in meine anfängliche Verzauberung, sie niederstreckte wie die Münze vor mir auf dem Boden, nach der ich mich bückte.

Auf Samtpfoten, die Krallen noch nicht ausgefahren, schlich der Regen sich in die zwischenzeitliche Stille. Wie Bluthunde hetzten Winde in Fetzen gerissene Flüche blindwütig durch die Rinnsale von Straßen und Gassen, bis sie, zerstückelt und erlahmt in ihrer Stoßkraft, dem Regen, der bisher noch still seine Fäden gezogen hatte, die Herrschaft überließen. Die Niederschläge, denen zu trotzen ich die Kraft nicht mehr hatte, kamen von überall und schienen kein Ende zu nehmen.

Des Aufbäumens müde geworden gegen Schmähungen dieser Art, versteinerte ich mehr und mehr. Nicht so der Himmel – er donnerte mich an, blitzte mich an, peitschte mir den Regen ins Gesicht. Die Münze in meiner Hand redete mir ins Gewissen. Mit geballter Faust, den letzten Flüchen auf den Lippen und sich ständig umwendend nach mir und dem menschenleeren Platz machte er sich mit seinem Himmelsinstrument davon. Unberührt davon, was sich rundherum zutrug, nahm er sich in einer aufreizenden Gemächlichkeit alle Zeit der Welt, um abzurechnen mit allem, was ihm bislang in die Quere gekommen sein mag. Wie der Himmel, so platzte auch er aus allen Nähten, als hätte ein Stachel in seinem Fleisch sich endlich die Freiheit genommen, die Wunde der Missachtung zu offenbaren – ein für alle Mal.

Der falschen Spur gefolgt, in die Irre gegangen, einer Täuschung erlegen – alles das bekümmerte mich. Der Spuk fand bald sein Ende, und unter dem reingewaschenen Himmel, der nun Ruhe gab und keinen Ton mehr von sich, war niemand mehr weit und breit, der noch zu zürnen wagte. Nichts stand der wiedererlangten Feierlichkeit der Stadt nun mehr im Wege. Das Donnerwetter war ausgestanden. Am großen Musensohn war alles abgeronnen, was da von oben kam. Die Tauben machten sich wieder an ihm zu schaffen – alles war wie ehedem, und die Hagelkörner Schnee von gestern. Sie hatten sich in alle Winkel der Gassen verrollt, wo ich mich später herumtrieb, rastlos, mich herumschlug mit meinem Schweigen, mit meinen Worten auch, die ich mir zurechtgelegt hatte, um die Flüche zu zähmen in meinen Ohren, die nicht zur Ruhe kommen wollten. Umsonst, nirgends eine Spur von ihm und seinem Saitenspiel. Seine Verwünschungen waren ernst gemeint. Sie ihm endlich abzunehmen, war an der Zeit. Mit überirdischem Zauber kam die von ihm verwünschte Stadt wieder auf mich zu, und ihre Brunnen waren wieder voll Musik. Ich aber ließ mich nicht verlocken – anderes ging mir durch den Sinn. Warum nur hatte er mit der Stadt nichts am Hut? Warum gab sie ihm nicht, was er von ihr zu bekommen erhoffte?

Auf einer Insel geschah es dann. Musik kam auf – mitten in mein mitgebrachtes Schweigen hinein, das nun nicht mehr am Platze war. Das Saitenspiel drohte zu versiegen in der lauten Brandung des Meeres. Aber es kämpfte sich durch sie hindurch, bahnte sich seine Wege zwischen Tischen und Stühlen, erlesenen Speisen und schwerem Wein. Gesättigt davon, verstummte es für eine Weile, ging unter im Beifall der Schmausenden, tauchte wieder auf. Ich sah ihm nicht ins Gesicht, wohl wissend, dass er es nicht war, nicht sein konnte, der da abrechnete mit den Flüchen in meinen Ohren und auch mit dem, der Abrechnung gehalten hatte damals auf dem menschenleeren Platz – mit wem auch immer.

Nicht nur Städte haben ihren Preis – auch auf den Inseln der Seligen zahlt man die Zeche, nichts ist dort umsonst – der Harfner ist Zugabe, auf dass es den Tafelnden besser munde. Er fluchte nicht, bedurfte nicht des Almosens zugeworfener Münzen wohlmeinender Leute – nur seine Blicke schienen darum zu flehen, sein Saitenspiel nicht misszuverstehen ...

Herzbube

Der Waggon Nr. 312 stand nicht im Fahrplan, nicht das Abteil Nr. 67, auch die Nonne nicht, und schon gar nicht Enrico. Sonst ging alles nach Plan – von Station zu Station. Einer planmäßigen Ankunft war nichts im Wege. Wohl aber der Nonne das Licht. Enrico schaltete es aus. Dann das Licht von draußen. Enrico zog die Vorhänge zu. Dann meine Beine. Ich zog sie ein, und die Nonne schlief.

Enrico wechselt den Platz, setzt sich zu mir. Die Kopfhörer hat er abgelegt, auch seinen Namen. Erich heiße er eigentlich, sagt er in die Notbeleuchtung hinein, Enrico nennt man ihn. Er trägt Jeans. Im Dienst trage er Smoking, berichtet er und vieles andere noch. Wir sitzen in Fahrtrichtung, die Nonne dagegen. Enrico ist außer Dienst und erzählt mir von seinen erlebten Nächten. Nicht nur von Liebesnächten, wie man meinen möchte – auch von der einen Nacht, die da kommen sollte, ist die Rede, obwohl es noch nicht nach Schnee roch. Mit der heutigen fängt er an. Er fährt gleichsam durch sie hindurch, planlos, doch planmäßig hält er wieder und wieder inne. Die Nonne rührt sich im Schlaf. Eine Nacht ist wie jede andere, meint er schließlich. Ohne Ausnahme?, frage ich. Ohne Ausnahme!, sagt er und löchert mich mit Fragen. Meine Antworten kommen zögernd, bleiben oft aus.

Zuvor erfahre ich vom Kartenspiel mit dem Koch in der einen Nacht im Jahr, wo viele andere wachen – einer Ankunft wegen, die schon lange stattgefunden hatte. Vor zu langer Zeit vielleicht? Irgendwann steht er auf und geht hinaus. Behutsam schließt er die Tür zum Abteil. Ich weiß, dass er raucht, dass er spielt – oft verspielt, dass er auf der Fahrt von zu Hause hin zu seiner Arbeit ist. Was für ein Zuhause? Wohin fahre ich? Und die Nonne? Die Ankunft hätte nie stattgefunden – hat Enrico das gesagt?

Er kommt wieder. Es gibt keine besondere Nacht. Er meint das ernst. Herzbube, denke ich, wo war deine Mutter, wo dein Vater? Er wird immer spielen, versichert er, in all den Nächten, wo es um nichts geht. Es geht nie um etwas! Herzbuben, denke ich – sie werden geboren, gestorben. Die Nonne rührt sich im Schlaf. Sie fühlt sich gestört. Schläft sie auch wirklich? Wüsste sie Antworten? Enrico stellt Fragen. Er spricht nun leiser, er setzt alles auf eine Karte – er weiß, ich werde aussteigen. Früher als er! Nichts im Leben ist von Bedeutung, meint er wieder und wieder – es gäbe weder die Liebe und schon gar nicht den, der da geboren worden sein soll vor langer Zeit. Er lauert auf Antwort, und die Notbremse spiegelt sich gespenstisch im roten Notlicht wider. Herzbuben lassen sich ausspielen – Nacht für Nacht, denke ich.

Wer spielt gegen wen? Wer verliert gegen wen? Wer gewinnt? Es gibt keine Verlierer? Es gibt nur Verlierer? Wer sagt das? Die Nonne? Er? Ich? Geht es um die Herzdame? Um den Herzkönig? Meine Antwort? Auch Könige werden geboren und gestorben! Nach Fahrplan?

Die Nonne wird unruhig. Das Licht geht an. Der Zug hält. Jemand betritt das Abteil. Planmäßig fährt der Zug wieder ab. Irgendwann steige ich aus, gehe den Zug entlang. Jede Nacht ist wie die andere, höre ich mich sagen und atme kühle Luft. Es riecht plötzlich nach Schnee. Die Zugabteile bilden eine lange Lichterkette. Ein Fenster davon ist dunkel. Vor diesem bleibe ich stehen. Enrico hat den Vorhang zur Seite geschoben und winkt mir. Ich winke zurück. Dann fährt der Zug wieder planmäßig ab.

Planmäßig überkommt mich auch der Schlaf für den Rest der Nacht. Sie fahren noch immer, denke ich, als ich im Traum die Karten mische. Spiele den Herzbuben aus!, befiehlt jemand. Den Herzbuben ausspielen!, schreien nun viele durcheinander – ein Koch, die Nonne, der Schaffner, auch Leute sind dabei, die mir fremd sind. Nein, nein!, rufe ich, er trägt Jeans, keinen Smoking! Wo ist die Herzdame?, fragt jemand.

Du bist es, sagt Enrico sanft. Ich bin es nicht, wehre ich mich und trommle mit meinen Fäusten gegen seine Brust.

Ich aber treffe nicht sein Herz – nur den Zug, den Fahrplan. Die Kopfhörer! Er hat die Kopfhörer vergessen, melde ich dem Schaffner. Er glaubt mir nicht, hört mich nicht an. Er trägt Enricos Smoking. Er hat auf den Koch vergessen – die Nonne redet im Schlaf. Es geht nicht um den Koch, es geht um den König, sage ich. Doch niemand hört mir zu. Auch nicht die Nonne. Wieder hält sie mir die Karten entgegen. Ich will sie nicht, sage ich abermals, und ich werde sie auch nicht mischen! Für niemanden! Man hat kein Erbarmen mit mir, auch nicht die Nonne. Den neugeborenen König, jammert sie, man hat ihn umgebracht. Nein, nein, rufe ich dazwischen, er lebt! Er ist tot, sagen die Karten, und der Herzbube nimmt sie an sich. Er ist tot, sagt dann auch er.

Aber du kennst ihn doch gar nicht, erwidere ich. Ich bin Enrico, sagt er dann, aber ich heiße Erich. Ich weiß, ich weiß, winke ich ab, aber du musst ihn kennenlernen. Es ist doch alles nur ein Spiel, sagt er lächelnd. Nein, nein, wehre ich ab, es ist ernst. Wie ernst?, fragt er. Sehr ernst!, sage ich. Ich suche nicht die Dame, ich suche den König, sagt er dann. Ich weiß, antworte ich. Aber der König ist tot!, meint er wieder. Es lebe der König!, ruft plötzlich die Nonne. Du musst ihn finden, rede ich auf Enrico ein. Den toten König? Enrico schüttelt müde den Kopf. Vielleicht ist er auf der Suche nach dir?, sage ich noch. Der tote König? Nach mir? Enrico lässt die Karten fallen. War das seine Antwort? Das Spiel ist aus, denke ich. Es war kein Spiel, denn von weit her höre ich Enrico sagen: Wenn er mich findet, spiele ich niemals mehr wieder ...

Es ist Tag geworden. Sie fahren noch immer, denke ich nach kurzem Schlaf – Enrico zusammen mit der Nonne! Auch die Sonne hält den Fahrplan ein. Wenn Enrico jetzt die Vorhänge zur Seite schöbe, denke ich, schiene sie mitten ins Abteil Nr. 67 im Waggon Nr. 312 im Zug nach Irgendwo. Er hätte Verspätung, denke ich dann, zöge jemand die Notbremse, um auszusteigen – ganz außer Fahrplan, um umzusteigen irgendwann nach irgendwohin ...

Die Rückkehr der Schwalben

Wenn es Abend wird, geht zuweilen in heimwehwunden Kinderseelen die Sehnsucht nach Zuhause um. In der Fremde erging es mir nicht anders. Um der Trübsal zu entkommen, setzte ich mich auf eine Treppe unter einem Scheunendach, von wo aus sich das Treiben der Schwalben, die da nisteten, beobachten ließ. Unermüdlich flogen sie ihre Nester an. Wie kleine Trutzburgen nahmen sich diese aus. Hungrige Schnäbel, die gefüttert werden wollten, lugten daraus hervor.

Meine Vogelkundigkeit reichte damals gerade so weit, diese Akrobaten der Lüfte nicht mit Spatzen oder Rotkehlchen zu verwechseln. Akustisch unterschied ich ihre Laute noch vom Ruf des Kuckucks, dessen Zeit aber schon um war, vom Gesang einer Amsel sowie von den schmetternden Weisen meines „Lenzvogels", die sich erst später als das Jubilieren eines Buchfinks herausstellen sollten. Die Sommersonnenwende lag bereits eine Weile zurück. Mit den Balzgesängen war es da vorbei. Anderes stand nun an – die Brutpflege!

Der Traum vom Fliegen ging damals heftig in mir um. Vieles hätte ich darum gegeben, mich in ein Vögelchen verwandeln zu können, um schnell einmal nach Hause zu huschen, dort ans Fenster zu klopfen und Einlass zu begehren. Dafür wären mir wahrscheinlich auch die Flügel eines Raben recht gewesen. Wenn ich im Gras lag und in den Himmel schaute, wo sich die Schwalben tummelten, sich das Gewölk türmte, wieder auseinanderfiel und wieder miteinander verschmolz, sandte ich Botschaften in die Lüfte für meine Lieben daheim. Da nahmen die Wolken mitunter wunderliche Gestalten an. Schimmel kamen plötzlich dahergeritten, und Schäfchen weideten mitten unter ihnen. Wenn dann die sinkende Sonne den Abend ansagte, begab ich mich wieder an meinen Platz unter dem Scheunendach und erfreute mich an der Vogelfreiheit meiner gefiederten Freunde. Niemals ließen sich diese fangen oder gar in einen Käfig sperren.

Als die Jungen flügge geworden waren, suchten sie dennoch zur Dämmerzeit wieder die Nester auf. Darin waren sie geborgen. Bald aber hielten diese Behausungen ihrem Ansturm nicht mehr stand. Zu meinem Entsetzen fielen sie zu Boden, wo sie zerbrachen. Tage danach noch steuerten die jungen Schwalben den Ort an, wo ihr Vogelleben begonnen hatte, doch da war kein Zuhause mehr für sie.

Irgendwann sammelten sie sich, zogen nach dem Süden, und ich heimwärts. In jedem Wiedersehen spiegelt sich der Abschied von zuvor wider. Es war Herbst geworden, als ich wieder an Ort und Stelle war – dort, wo ich hingehörte. Jahr für Jahr stellte sich wie immer früher oder später der Frühling ein, und mein Lenzvogel zwitscherte seine Weisen ins junge Laub der Bäume. Ich aber wartete stets auf die Ankunft der Schwalben. Auf ihre Rückkehr ist immer Verlass, sie bleiben nie aus. Sogar dem Kuckuck kommen sie zuvor und stehlen jenen Vögeln die Schau, die den Winter über im Lande bleiben, tapfer in der Kälte ausharren und uns in den schönsten Federkleidern ihre allerschönsten Lieder singen, wenn die Sonne wieder steigt. Schwalben singen nicht, bedürfen keiner Fütterung. Sie sind wie das flüchtige Glück, das sich nicht locken, nicht fangen und schon gar nicht begreifen lässt.

Eine Schwalbe macht noch keinen Sommer, heißt es. Was wäre aber ein Sommer ohne Schwalben? Mit ihrem Kommen beginnt das Jahr aufzublühen, mit ihrem Abflug wieder zu verwelken. Der Winter ist ihre Sache nicht. Wir wissen nie, wie viele Schwalben auf der Reise in wärmere Gefilde auf der Strecke bleiben. Sie kreuzen den Himmel und unsere Wege – wie Menschen, denen wir begegnen, oder das Glück, das einem zufällt zuweilen ...

Äußere Form der schriftlichen Arbeiten

Schon zu einer Zeit, als ich zu A nicht nur B sagen, sondern auch schreiben lernte, um nicht später einmal als Kreuzelschreiberin zu enden, wofür ich auch nicht so ganz ungeeignet gewesen wäre, muss es mit meiner Schrift nicht weit her gewesen sein. Das bezeugt zumindest ein Schönheitsfehler in einem Vorzugszeugnis aus den Anfängen meiner Schulzeit im Unterrichtsfach „Äußere Form der schriftlichen Arbeiten". Aller Anfang ist schwer, sagt man – vielleicht auch jener im Umgang mit Feder und Tinte. Die rosigen Aussichten, durch Üben Meister werden zu können, ließen mich jedenfalls damals zu einer Hochform auflaufen, die sogar in „Schönschreiben" ihren Niederschlag fand. Vermutlich ging es damals auch nicht so sehr darum, was man schrieb, sondern nur wie ...

Die Tücken meines mitternachtsblauen Füllhalters mit einer Glasfeder vorne dran waren wohl Ursache dafür, dass es sich mit meiner Schreiberei spießte. Jenes Ding da an der Spitze des Schreibgerätes sah nämlich noch zerbrechlicher aus als meine daraus fließende blasse Schrift. Dieses zusammen mit dem dazugehörigen Halter in den Griff zu bekommen, war schier unmöglich. Entweder waren beide Teile miteinander nicht kompatibel, oder es handelte sich um eine gemeinsame Störaktion gegen das, was da alles durch meine Handschrift zu Papier kam.

Die in verzweifelter Abwehr praktizierte Willkür des erwähnten Halters bei der Weiterleitung des blauen Tintenstromes an die kapriziöse Feder sowie deren offensichtliche Weigerung, diesen in Empfang zu nehmen, ist auch verständlich. Mein Umgang mit diesem Füllhalter kann wohl nicht als pfleglich bezeichnet werden. Auch das Klima im Schulranzen, wo es der Federspitze oft an den Kragen ging, ließ meist zu wünschen übrig. Dennoch hielt ich diesem störrischen Schreibgerät mit seinen chronischen Verstopfungen und Durchfällen die Treue, bis meine vom Kampf mit ihm gezeichnete und somit ständig befleckte Schreibhand in die Pubertät kam.

Meine Schrift fiel nun bedrohlich nach links, was nicht politisch zu verstehen ist, und die Glasfeder wich einer wesentlich robusteren – einer aus Stahl. Den Füllhalter dazu tauschte ich gegen einen mausgrauen. Damit endete mein Einzelkämpferdasein mit einem verstockten mitternachtsblauen. Grüne Tinte, das ist auch keineswegs politisch gemeint, floss jetzt im Einklang mit dem grauen Kollektiv der anderen Federhalter, derer sich alle um mich herum schon längst bedienten, zügig und ohne Gekleckse in meine Schrift, die nun, mit verschiedenem Beiwerk in Form von Schlingen und Schnörkeln versehen, mehr und mehr an Schnelligkeit einbüßte. Dies beeinträchtigte erheblich die Niederschrift meiner nunmehrigen Geistesblitze, die sich da einstellten. Meine Gedanken rasten, aber der bedächtige Trott meiner Schreibhand hielt nicht Schritt damit, und so lief ich stets Gefahr, den Faden, auch den meiner Geduld, zu verlieren. Leider wurden damals Lehrpersonen meiner ersten poetischen Ergüsse habhaft und prophezeiten mir sogleich eine Dichterlaufbahn – so schnell geht das!

Zutiefst erschrocken über diese Weissagung – wusste ich doch, wie wenig sich Einfälle planen ließen –, schwor ich vorerst einmal jeglicher literarischen Wiederbetätigung tapfer ab und ließ so manches Zusammengereimte in den Papierkorb wandern. Von Bücherverbrennungen wusste ich damals noch nichts. Den verbliebenen Rest stopfte ich in eine Schublade. Alsbald aber schossen Schreibende wie Schwammerl aus dem Boden der Kreativität, sodass es auf eines mehr oder weniger auch nicht angekommen wäre. Dass ich den Geburtstag von Trakl knapp verpasste, sah ich als Zeichen dafür an, auf dem Tummelplatz geflügelter Pferde nichts verloren zu haben. Das Schicksal entschied sich nämlich dafür, dass ich an dem von Franz Schubert auf die Welt kommen sollte, und somit erklärt sich wenigstens die Süchtigkeit meiner Texte nach einer Melodie und meine Hilflosigkeit der taktlosen Poesie gegenüber.

Die freiwillig auferlegte Schreibaskese nützte ich dazu, mich mit den Nebenerwerbsdichtern der Weltliteratur zu befassen – nicht nur mit dem Herrn Geheimrat und seinem Freund, der vermutlich keine Ahnung davon gehabt hat, was er mit seinen Balladen künftigen Generationen antat. Aber wer lernt diese denn heute noch auswendig? Wie früh ich schon an literarischer Geschmacksverirrung litt, zeigt auch, dass ich es nicht als verkehrt ansah, edel, hilfreich und gut sein zu wollen. Meine eigentliche literarische Pubertät vollzog sich aber über Eichendorffs „Taugenichts" und den „Cornet" von Rilke: Schreiben, schreiben, schreiben, durch den Tag, durch die Nacht ..., und das ein ganzes Leben lang, wenn es nach den Voraussagen meiner Lehrer ginge? Nein, dann doch lieber „reiten", wie es im Originaltext heißt, oder mit dem Rad fahren, wenn schon nicht in einer Postkutsche über Land.

Seit dieses Gefährt ausgedient hat und sich die Postillione weigern, ins Telekomhorn zu blasen, ruht die Zustellung versandter Schriftstücke auf den Schultern von Briefträgern. Diese Berufsgruppe fasste ich für einen zukünftigen Broterwerb ins Auge, als für mich, den Alten Meistern in Sachen Literatur treu ergeben, Texte der Neuzeit noch ein spanisches Dorf waren. Bereits in meinem analphabetischen Zustand aber liebäugelte ich auch damit, in die pädagogischen Fußstapfen meiner Vorfahren zu treten. Wenn ich mich so umhörte, schien mir für ein Taugenichtsleben ein Lehrerdasein wie geschaffen zu sein.

Inzwischen erhob sich meine Schrift, legte einiges an Geschwindigkeit zu und fiel dann nach rechts, wo sie mitunter auch heute noch zeitweise zu liegen kommt und was wiederum nicht politisch zu sehen ist. Bald aber bediente ich mich eines viel schnelleren Schreibgerätes, das einerseits meinen Tastsinn schärfte und andererseits der Umwelt akustisch signalisierte, dass da jemand im Schweiße seines Angesichts werkte. Obwohl dann bald auch elektrisch und mithilfe einer Korrekturtaste unterwegs, gewährte ich dennoch einer kleinen Kofferschreibmaschine, auf welcher sogar etwas ans wissenschaftliche Licht und ich damit zu akademischen Ehren kam, das Gnadenbrot. Meine Finger ahnten damals noch nichts von der wundersamen Landung im Olymp aller Tippgeräte und meine Umwelt nichts von der bis dahin unmöglich erscheinenden Möglichkeit, das Schreiben wieder lautlos tätigen zu können. Meine äußere Form der schriftlichen Arbeiten konnte sich auf diesem neuartigen Ungetüm sehen lassen, meine zeitweiligen Bruchlandungen darauf weniger. Was nützte es, auf Knopfdruck schön- und rechtschreiben zu können, wenn plötzlich die Texte auf Nimmerwiedersehen entschwinden.

Dass diese Vehikel nun schon in handlicheren Formen auf dem Markt sind, bedeutet aber keineswegs, auf herkömmliche Schreibutensilien gänzlich verzichten zu können. Das Ende meiner blauen und zeitweilig auch grünen Tintenperiode war irgendwann abzusehen. Schuld daran trug das schon erwähnte anstrengende Zusammensein mit Füllhaltern und vor allem dann deren Innenleben, da Tintenpatronen, mit welchen sie nun mühelos zu betanken gewesen wären, die Angewohnheit hatten, immer zur Unzeit ihren Geist aufzugeben. Meine Schreibhand entschied sich alsbald, ein Arbeitsverhältnis mit Kugelschreibern einzugehen, da es nun m i r in Anbetracht meines begonnenen Lehrerlebens oblag, korrigierend den Rotstift anzusetzen. Weniger aus einer politischen Erwägung heraus, sondern berufsbedingt, entschied ich mich für die Zusammenarbeit mit einem rot-schwarzen Minenpaar und verpasste diesem zur Tarnung und im Hinblick auch auf mein künftiges Leben in der Kreidezeit ein weißes Outfit. Die Lust der Wölfe, Kreide zu fressen, um ahnungslose Geißlein zu verlocken, ist ungebrochen und zeigt noch immer Auswirkungen auf die Schwarz-Weiß-Malerei an Schultafeln, aber das ist ein andere Geschichte.

Ob Kreide, Tinte, Tasten oder Minen – vor missbräuchlicher Verwendung sind Schreibwerkzeuge nie gefeit. Auch nicht vor Fehltritten, die sich aber rasch einmal mit Tintenkillern und Speziallacken ungeschehen machen lassen konnten. So verwarf ich meinen guten Vorsatz, in meinem Taugenichtsberuf mit dem bisschen Unterricht und dem daran nahtlos anschließenden Freizeitspaß die „Äußere Form der schriftlichen Arbeiten" meiner Anbefohlenen, die man ohnedies alsbald samt dem „Schönschreiben" aus dem antiquierten Fächerkanon strich, links liegen zu lassen, was wiederum nicht politisch zu verstehen ist. Bald darauf aber glaubte ich plötzlich, die Sinnhaftigkeit einer ansprechenden Form entdeckt zu haben – vielleicht auch, weil sich meine Schrift nun der Vorbildwirkung wegen zumindest an der Tafel sehen lassen konnte. Dessen ungeachtet setzte man die Entrümpelung der archaischen Lehrpläne weiter fort. Nun hatte auch die „deutsche Unterrichtssprache" ausgedient – nicht wirklich zwar, denn ich entsinne mich nicht, jemals eine andere als diese, vom Fremdsprachenunterricht abgesehen, in meiner Schulzeit gesprochen zu haben. Das Fach „Deutsch" war irgendwann wieder hoffähig, fleckenlos und hatte somit wieder seine Daseinsberechtigung, doch geschrieben wurde in der „Österreichischen Schulschrift". Da kenne sich einer aus! Sieht man von Chinesisch, Türkisch, Kyrillisch oder etwa Japanisch ab – aber man weiß ohnedies nie, was noch alles kommt –, wäre deren multikulturelle Eignung im Hinblick darauf, dass mit dieser auch Fremdsprachliches schriftlich niedergelegt werden kann, einer entsprechenden Würdigung wert.

In einer Zeit, wo man sich mit E-Mails und SMS austauscht, wird alles Handschriftliche allmählich zur Rarität, bleibt aber unverzichtbar etwa bei Autogrammen sowie bei der Unterzeichnung von Eheversprechen oder Todesurteilen. Mit drei Kreuzen lassen sich diese kaum abtun. Nicht nur w a s man tut, ist von Bedeutung, sondern auch w i e. Ähnliches gilt für das Reden und Schreiben. W i e man den Pinsel führt oder den Kochlöffel schwingt, lässt oft tief blicken und ist zuweilen ausschlaggebend dafür, was wofür den Zuschlag bekommt. Ähnlich verhält es sich damit, w a s man in welcher Form – also w i e – schreibt. Ich wette, Juroren erkennen allein daran schon von Weitem den Stallgeruch literarischer Texte.

An die gepflegte Unleserlichkeit meiner Handschrift könnte man sich vielleicht gewöhnen, nicht aber an deren spitze Feder, die mit Gefälligkeiten geizt und die Angewohnheit hat, nichts schön zu schreiben. Meine blassblaue Kinderschrift von einst ist Schnee von gestern, wie vieles auch, das den Gänsekielen einstiger Poeten entkommen war. Unfreie Schriftsteller haben sich aufgehört. In Anbetracht meines Brotberufes auch nicht frei schaffend, lasse ich es mir dennoch nicht mehr nehmen, niederzuschreiben, was mir so durch den Kopf geht. So füllten sich auch wieder meine Schubladen. Sie zu öffnen, ist für mich immer noch eine Frage der Umweltverträglichkeit und des Anstandes. Dessen ungeachtet scheint es mir ein Glück zu sein, die Freiheit zu haben, schreiben zu dürfen, wo, wann, wie und was immer ich will. Möge das so bleiben!

Gute Jahrgänge

Wenn einmal Gericht sein wird über uns, dann nämlich, wenn wir durch das große dunkle Tor nach drüben gegangen sein werden, harren wir des Winzers, der da kommen soll, um Ausschau zu halten nach seinen Rebstöcken, die er da hat wachsen lassen unter der Sonne seines Himmels auf kargen und auch fetten Böden, in guten und in schlechten Jahren.

Zuvor aber sind auch im Diesseits Tore zu durchschreiten, die nicht immer zum Licht führen. Zuweilen werfen sie noch Schatten, auch wenn man glaubt, sie schon längst hinter sich gelassen zu haben, und lähmen den Gang auf dem Weg zur Traube hin.

Ich muss ein guter Jahrgang gewesen sein, schaffte ich es doch stets, jenen Toren zu entkommen, die mich zu beschatten drohten. Früh schon kämpfte ich mich an Mutters Hand durch ein Felsentor hinein ins dunkle Gewölbe eines Stollens, wohin man sich flüchtete, um sicher zu sein vor der Zerstörung von oben. Nach den Entwarnungen wurde es wieder hell, wenn man nach draußen trat ins Sonnenlicht und das Haustor wieder heil vorfand. Es hielt stand mit allem, was es dahinter verwahrte – trotz der riesigen Krater, die das Unheil oft gerissen hatte ringsum ...

Auch Schultore werfen zuweilen Schatten auf Ziffer und Zahl, auf Zeichen und Worte. Lange spukte so ein Schattenwort in meinem Kopf herum, das oftmals noch schrie und brüllte: LÖPPE, LÖPPE ..., so, als hätte ich damals den König der Tiere mit fünf statt mit vier Buchstaben, wie es sich gehörte, an die schwarze Tafel gemalt. Da prangte nun der Buchstabe des Anstoßes in schönster Schrift und in der Farbe der Unschuld, was nichts daran änderte, dass an seiner Stelle von Rechts wegen der dreiundzwanzigste aus dem ABC hätte stehen müssen. So aber stand da unübersehbar der zweite an der dritten Stelle im Wort – mit einer kunstvollen Schlinge versehen, sodass man ihm auf den ersten Blick gar nicht anmerkte, dass er imstande war, das Wort akustisch so gehörig zu entstellen. Mit einigem Wohlwollen abgelesen und ausgesprochen, hätte das Wort gewiss eine unverwechselbare Ähnlichkeit mit jenem gehabt, das dem königlichen Tier entsprochen hätte. Die Nachäffungen desselben jedoch zogen unweigerlich die Blicke der Kinder auf die Schreiberin, und diese wusste vorerst so gar nicht, was sie da vorne auf der großen Schiefertafel angerichtet hatte.

Wehret den Anfängen, wird man sich damals vielleicht gedacht haben. Schlecht getroffen, sage ich heute noch, obwohl ich einsehe, dass Ordnung in einem bestimmten Rahmen auch sein muss und auch sinnvoll ist. Zuerst sind es Zeichen, die Unordnung schaffen im Wort. Dann sind es Wörter, die Unruhe stiften können in Gesprochenem und Geschriebenem. Das Spottbad in der Menge war wohl nicht zu vermeiden. Doch ich muss ein guter Jahrgang gewesen sein, wage ich es heutzutage immer noch, Mengen von Wörtern in eine poetische Unordnung zu bringen, und bin dennoch heil geblieben inmitten der großen Tiere, die da zuweilen um mich herum waren und immer noch sind und auch brüllen und aufschreien wegen Kleinigkeiten und Großes dabei übersehen.

Unordnung in Wort und Tat, hört man, missbilde auch Leib und Seele. Jene, die glauben es zu wissen, oder es nur wissen, weil sie es glauben, verfechten dies sogar auch im Namen des Herrn. Daher waren auch Tore von Kirchen zu durchschreiten, um heil zu bleiben trotz ernstlich mahnender Kanzelworte und selten tröstliche Kreuzverhöre in den Beichtstühlen. Was aber ist zu tun in Ermangelung brauchbarer Sünden, die der Ordnungsschaffung bedurften und nach einbekannter Reue der Lossprechung zu harren hatten? Ich aber muss da auch wieder ein guter Jahrgang gewesen sein, hat mich doch ein poetisches Lustgefühl zu einer Schuldfindung in einer so fantastischen Weise verholfen, angesichts derer mein Schutzengel eigentlich hätte in Ohnmacht fallen müssen.

Vorsichtshalber aber versicherte ich mich jedoch der Gunst eines Himmelsboten, den ich auf einem riesigen Pappendeckelbild entdeckte und das ich vor dem Religionsunterricht in die Klassenzimmer habe tragen helfen dürfen – vielleicht auch wegen meiner tapferen Schuldeingeständnisse. Mit einem Schwert bewaffnet, bewachte er das Paradies, verstellte aber den Blick nach dorthin so erheblich, dass man von diesem kaum einen blassen Schimmer bekommen konnte. Da sich des Engels Gesicht bei meinem Anblick nicht augenscheinlich verfärbte, konnte ich annehmen, dass er meine ungewöhnlichen Einbekenntnisse billigte. Dass er auch meine sehr irdischen Vorstellungen von Hölle, Paradies und Himmel, der für mich damals noch voller Geigen hing und der Weg nach dorthin mit köstlicher Schokolade gepflastert war, guthieß, konnte ich wohl nicht erwarten, da ihm dies mit Sicherheit seinen Posten als himmlischer Paradieswart gekostet hätte.

Mit den Jahren ändern sich die Ansichten darüber, was Sünde ist oder nicht, sowie die Vorstellungen über Himmel und Hölle. Den strafenden Gott nahm ich dem Himmel irgendwann einmal nicht mehr ab, den liebenden schon eher. Den Glauben daran, ein guter Jahrgang zu sein, behielt ich mir. So ist zu vermuten, dass ich, wenn einmal Gericht sein wird und ich Rechenschaft abzulegen habe, wie ich als Rebstock wohl umgegangen wäre mit Licht und Schatten und den Toren, die sich mir da in den Weg stellten, vielleicht meine Ansprüche aus meinen eigenen Vorstellungen über göttliche Schuldbemessungsmethoden werde geltend machen können.

Wahrscheinlich aber stünde mir meine Zuversicht auf eine gnädige Beurteilung so ins Gesicht geschrieben, dass es ein gütiger Gott damit gut sein lassen würde und mir meine Geständnisse, von denen er in seiner Allwissenheit ohnedies Kenntnis hätte, erspart blieben. An der von mir erhofften Barmherzigkeit würde es bei seinen richterlichen Urteilssprüchen – die Güte der Trauben betreffend, die da zur Reife zu bringen waren – weder bei mir noch bei anderen mangeln.

Beschämt müsste ich vielleicht am Ende gar erkennen, dass der große Winzer niemals anderen Sinnes war, all die Jahrgänge, die dunklen vor allem, immer nur an dem Licht zu messen, das, weiß Gott wo, ihrem Erdenschatten irgendwo zu ihren Gunsten die Waage hielt.

Die Zitherlehrerin

Ich verwünschte sie! Und wie ich sie verwünschte! Sie beherrschte mich, ich wurde von ihr beherrscht. Nicht nur von ihr! Da war auch dieses Instrument, das mich im Griff hatte, obwohl es eigentlich umgekehrt der Fall hätte sein sollen. Und alles fing so harmlos an. Man wird für musikalisch befunden, und schon hat man so ein Trumm mit vielen Saiten am Hals – und eine Lehrerin dazu. Viel später sollte ich dieser wieder begegnen – nicht von Angesicht zu Angesicht. Aber das tut nichts zur Sache! Auch so passte nach den Berichten über sie nichts mehr in mein Bild von ihr. Mit einem Schlag fiel es aus dem Rahmen. Hätte man mir sie doch verschwiegen! Nun ist die Untergetauchte wieder aufgetaucht – auferstanden, lebendig geworden! Mein Gewissen rührte sich. Was ist nun mit meinen Verwünschungen von früher? Ist sie überhaupt noch zu verurteilen nach allem, was über sie nun zu erfahren war? Was geschehen ist, ist geschehen! Vielleicht aber billigt man mir angesichts damaliger frühkindlicher Verblendungen mildernde Umstände zu …

Sie war keine Augenweide, hatte rein äußerlich nichts Anziehendes – für mich jedenfalls. Ihr Gesang jedoch war zauberhaft, einfach hinreißend. Sie hatte Gold in der Kehle! Doch dieses ließ sich nicht erahnen, wenn sie mit ihrem struppigen strohblonden Haar in Erscheinung trat. Nichts an ihr passte zusammen. Die massigen Beine steckten in zierlichen, winzigen Schuhen. Die Stimme, die mich von oben herab erreichte, hatte leider mit der, wenn sie ihre Sangeskünste von sich gab, nichts gemeinsam. Da war auch die Brille, durch welche die Marternde sogar zu hören schien, wenn ich, die Gemarterte, mich mit den widerspenstigen Saiten auf der Sitzbank vor ihrer Orgel, wo die Zither stand, abquälte. Ein solches Instrument hätte man besser nicht erfinden sollen. Ein Pech, dass es den Russen nicht wert genug gewesen war, es mitgehen zu lassen oder wenigstens in Trümmer zu schlagen. So blieb es im Familienbesitz und wurde dem Weitblick Erwachsener entsprechend, der sich scheinbar über kindliche Kurzsichtigkeiten hinwegsetzt und darüber immer wieder erhaben zeigt, wiederbelebt – nämlich in der Form, dass ich dieses Instrument zu erlernen hatte. Nicht nur wunde Fingerkuppen waren der Preis dafür!

Vorerst zitherte ich noch allein, dann zu zweit und schließlich mit den Großen, die, des Umgangs mit den Unmengen an Saiten schon geübter als ich, meine „Missgriffe" aufzufangen hatten, wenn konzertiert wurde. Mit den lieben Kleinen vor Publikum zu spielen, kam immer gut an. Sie saßen so allerliebst zwischen den Heranwachsenden, und man konnte kaum bemerken, welch geringen Anteil sie an den musikalischen Darbietungen wirklich hatten. Ich saß stets in i h r e r Reichweite. Somit in der Nähe ihrer Fledermausärmel, die sich im Takt wiegten. Mit diesen Schwingen samt Stöckchen brachte sie es tatsächlich zuwege, dass die vielen Saiten gleichzeitig in Gang gebracht wurden, aber auch gleichzeitig wieder verstummten. Das verwunderte mich immer, obwohl mich das Gefuchtel stets ins Schwitzen brachte, sodass ich sicherheitshalber mein Spiel stets früher beendete und später begann, um mir nicht ihren Unmut einzuhandeln. Das Geklatsche der Leute aus dem Dunkel vor uns war für mich immer Lohn der Angst. So verbeugte ich mich auch ganz artig und konnte dennoch nicht verstehen, was die Leute an so langweiligem Gezupfe begeisterte. Auch wunderte ich mich, während des Spiels kein Geräusper und Gehuste zu vernehmen – nur andächtige Stille.

Von musischen Menschen hatte ich so meine eigenen Vorstellungen, die aber im Falle meiner Zitherlehrerin ganz und gar nicht zutrafen. Sie war eine Frau wie ein Hammer! Von zart besaitet konnte da keine Rede sein! Auf dem von mir verwünschten Instrument aber kam ich ganz gut voran. Kein Wunder, war ich doch nicht so ganz unmusikalisch. Überdies hatte ich bis zum nächsten Stelldichein mit ihr die Stücke oft bis zu hundert Mal zu spielen und darüber auch noch entsprechende Aufzeichnungen, bestehend aus Strichen, die nach jedem Probedurchgang zu machen waren, vorzuweisen. Bis diese der eingeforderten Summe entsprachen, war viel Übung nötig. Nicht nur meine Finger, auch meine Ehrlichkeit wurde auf eine harte Probe gestellt. Zuweilen ging es da auch nicht mit rechten Dingen zu. Um mein Plansoll zu erfüllen, war es oft notwendig, bezüglich der Buchführung ein wenig nachzuhelfen. Die elterlichen Augen mussten mit mitleidvoller Blindheit geschlagen gewesen sein, denn anders war es nicht zu erklären, dass diese, denen sonst nichts entging, kein Veto hinsichtlich der ab und zu auch unredlichen Aufbesserung meiner Strichliste einlegten, was ich heute noch dankbar vermerken möchte.

Schließlich nahmen meine Finger die Hürden der Übungseinheiten, und ich gewöhnte mich auch daran, dass ich für sie nur die Sowieso ohne Vornamen war. Die Herren und Damen Sowiesos nahmen uns Kinder liebevoll in ihrer Runde auf, wenn es wieder hieß: Ihr Auftritt, bitte! Wenigstens waren für sie unsere Vornamen nicht unaussprechlich. Das änderte sich, als ich in andere musikalische Hände überging und der promovierten Zitherlehrerin Nr. 1 abhanden kam.

Nun war ich plötzlich ein Kind mit Vornamen und auch schon darin geübt, mit den vielen Saiten fertig zu werden. Letzteres verdankte ich allerdings jener Dame, die mir für einige Jahre die Finger nach vorne richtete. Jene andere nun, ohne Fledermausärmel und Taktstöckchen, weihte mich jetzt auch in die leichte musikalische Kost ein, die mir mein Zitherleben kurzweiliger gestaltete, obwohl ich nicht mehr vor Publikum auftrat und, abgesehen von familiärer Anteilnahme, zur Alleinunterhalterin wurde. Jedenfalls lehrte mich Zitherlehrerin Nr. 2 die Kunst, die Zither selbst stimmen zu können, was meine Verstimmungen und die Hilflosigkeit diesem Instrument gegenüber erheblich verringerte, bis ich es dann, da ich nun ausgezithert hatte, an den Nagel hängte und mich jenem zuwandte, zu welchem ich mich schon seit meinen frühesten Kindertagen auf unerklärliche Weise hingezogen fühlte – der Geige.

Ein solches Instrument in erwachsenem Zustand zu erlernen, war gewiss einer der Unsinne meines Lebens. Und dies erfüllt mich mit Wehmut. Schade um die vielen Stunden, in welchen ich mich mit den vielen Zithersaiten abquälte, wo ich es doch mit jenen lächerlich wenigen einer Violine viel einfacher hätte haben können. Ganz abgesehen von der Freude, die mir der Umgang mit diesen vier gemacht hätte. Die Schnapsidee meiner Geigenlehre im erwachsenen Zustand berappte ich schon aus meiner eigenen Tasche. Ich ging mit einer Bereitwilligkeit ans Werk, die nur mit einer groben Fehleinschätzung der Lage zu erklären war. Von erwachsenem Weitblick war da nichts zu erkennen. Ganz zu schweigen von der akustischen Zumutung, die ich da meiner Familie angedeihen ließ. Ich hätte die Stücke auch tausendmal gespielt, das heißt heruntergekratzt, wenn es hätte sein müssen. Vorerst aber musste nichts sein, ich kam gut und rasch voran, was sich denken lässt bei so viel musikalischer Vorbildung. Schließlich war ich kein kleines Kind mehr, wenn auch die Geigenlehrerin Nr. 1 immer Anstalten machte, mich als solches zu betrachten. Den Unterricht plötzlich auf Erwachsene umzupolen, war gewiss nicht ihre Sache, da sich ihre Lehrerfahrungen fast ausschließlich auf den Kleinkindbereich beschränkten, und das, was ich mir da in den Kopf gesetzt hatte, schien ihr vermutlich die Laune eines großen Kindes gewesen zu sein, das wohl nichts Besseres mit seiner Freizeit anzufangen wusste.

Holte ich das musikantische Kindsein, das mir Zitherlehrerin Nr. 1 nicht gestattete, bei Geigenlehrerin Nr. 1 nach? Man könnte es meinen, da ich bereit war, alles zu geben, alles zu erdulden und jeder Stunde mit freudiger Erwartung entgegenfieberte, was im Falle meiner Zitherlehre nie der Fall war.

Pünktlichkeit war zu meinem Glück die Sache meiner Zitherlehrerin Nr. 1 nicht. Mit fernmündlichen Hilfsgeräten damals noch nicht gesegnet, gab es keinerlei Möglichkeit der Verständigung, wenn die Stunde der zitherlichen Wahrheit einer Verhinderung seitens der Lehrenden zum Opfer fiel.

Die Gründe hierfür interessierten mich aber nie, im Gegenteil – wenn meine Buchführung in Sachen Strichliste nicht ganz mit rechten Dingen zugegangen war, konnte mir ihr Fernbleiben nur recht sein. Wenn sie dann doch auftauchte in ihrer ganzen Pracht und Herrlichkeit, nachdem ich nur zu lange bei beißender Kälte, jedoch unfreiwillig, auf sie gewartet hatte, ging es den klammen Fingern an den Kragen. In ihrer Gefühllosigkeit übertrafen sie selbst die kurzsichtigen Augen hinter den dicken Brillengläsern, überdies lief meine Nase, und es war nur eine Frage der Zeit, dass sich nicht nur die akustischen Absonderungen, sondern auch die flüssigen meines Riechorgans im Schallloch verliefen wie Hänsel und Gretel im finsteren Wald.

Aber ich bekam auch Lob, und das mit Recht, wie ich heute meine, doch meinen Anstrengungen und Erfolgen stellte sich der Umstand in den Weg, dass mein Bruder, musikalisch nicht unbegabter als ich, was in der Familie liegen musste, ein Instrument erlernte, das nicht nur auf Knopfdruck funktionierte, sondern auch seinen eigenen Wunschvorstellungen entsprach. Während ich mit meinen Fingern im Blindflug drei Akkordsaiten zusammenzuklauben und zu zupfen hatte, erledigte er das mit einem Schlag, der auch keine Blasen an den Fingerkuppen hinterließ. Nicht nur das wurmte mich, sondern auch, dass dieses Instrument meines um ein Vielfaches an Lautstärke übertraf. Überdies spielte er – der Bruder – schon nach kurzer Zeit Stücke, die ich erst nach wesentlich längeren Vorlaufzeiten beherrschte.

Alsbald musizierten wir zu zweit. Sich mit Tasten, Knöpfen und Saiten zusammenzuraufen, war nicht nur von soziologischer Bedeutung – da gab es dann sogar auch Erfolge aufzuweisen! Wir bekamen Applaus, wurden herumgereicht, verbeugten uns. Die Geschwister spielten auf – wie nett! Weniger nett, wenn einmal eine Wiederholung übersehen wurde, schließlich waren wir Kinder mit mehr oder weniger Ernst und einer Leichtigkeit, die mir später bei meinem Gegeige leider abhandengekommen war.

Bald spielte ich bei Geigenlehrerin Nr. 2, die mir wegen meiner Fortschritte und meines angeblichen Talentes dringend empfohlen worden war, zusammen mit einem Knaben, der etwa das Alter meines Bruders von damals gehabt haben mochte. Und es passte für mich nichts mehr zusammen. Die Unbekümmertheit des Buben, mit der Geige umzugehen, und die Beschaffenheit meines nun leider erwachsenen Blickes für Dinge, die ich angesichts der Schuppen vor meinen Augen vorerst nicht zu sehen gewillt war, ließen an meinem musikalischen Vorhaben, einmal der Geige etwas Anspruchsvolles abzuringen, ernsthaft zweifeln. Geigenlehrerin Nr. 2 meinte es gut mit mir, sehr gut sogar, ahnte aber noch nichts von meinem geänderten Blickwinkel, der sich alles andere als förderlich für weitere Fortschritte entpuppen sollte.

Zitherder- und geigenderweise hatte ich mich musikalischen Obrigkeiten bei Vorspielabenden zu stellen. Solche Veranstaltungen waren zur geschwisterlichen Musizierzeit „kleine Fische", wobei es dann aber doch, vielleicht auch deshalb, geschah, dass die Finger die falschen Saiten erwischten, mein Bruder die falschen Tasten bemühte, was zwar für eine elterliche Zurechtweisung, nicht aber zur Streichung des Stipendiums, dessen wir uns anscheinend trotz allem für würdig erwiesen hatten, reichte. Auch der Beifall blieb nicht aus, obwohl die Zeiten damals schlecht und streng waren. Geigenderweise und in meinem erwachsenen Zustand hatte ich keinerlei Lust mehr auf solche Darbietungen, auch wenn die Zeiten weit besser waren und der Knabe, mit welchem ich konzertieren sollte, sich bald zu einem geigenden Wunderkind mauserte, der in seinem erwachsenen Zustand die Musikwelt einmal aufhorchen lassen würde. Das aber wusste ich damals noch nicht – vielleicht ahnte ich es. Auftritten, in welchen ich mit meiner Zither nicht die erste Geige spielte, stellte ich mich stets. Mein Instrument war auch im Alleingang sehr brauchbar, Pausen zwischen Theaterstücken zu füllen oder einleitend auf diese einzustimmen, doch nicht unbedingt das, wovon ich träumte. Dennoch waren die musikalischen Verpflichtungen zur Weihnachtszeit, in der es damals wirklich noch still herging, für meinen Bruder und mich eine willkommene Abwechslung in unserem kindlichen Alltagsleben.

Vor allem die Musiklehrerin meines Bruders nahm mich oft in ihre Dienste. Meiner Familie bekannt und mit einem heiteren Gemüt ausgestattet, hatte ich mein Wohlgefallen an ihr und sie an mir, wenn ich aufspielte und mitspielte, wie man es von mir erwartete. Mein Bruder hatte natürlich Heimvorteil bei seiner Lehrerin. Leider war dies umgekehrt bei meiner Zitherlehrerin Nr. 1 nicht der Fall. Nie und nimmer hätte diese sich mit Stücken der leichten Muse abgegeben, abgesehen davon, dass ihr mein Bruder samt seinem Instrument als musikalische Beleidigung vorgekommen sein würde. Von meinen Fremdgängen in Sachen Musik wusste sie nicht allzu viel.

Nur in der Christnacht, wenn am Chor der Kirche das „Stille Nacht" erklang und mein Bruder und ich in weihnachtlicher Glückseligkeit den überirdischen Stimmen lauschten, überfiel mich dann doch ein leiser Stolz, dass eine der Engelsstimmen da oben zu meiner Zitherlehrerin Nr. 1 gehörte. Diese von der Musiklehrerin meines Bruders auseinanderzuhalten, war unmöglich, beide Stimmen verschmolzen miteinander, und zusammen mit unserer weihnachtlichen Grundstimmung war dieser Gesang eine Ohrenweide der besonderen Art, und das alle Jahre wieder!

Die Zeit des Fernsehens kam, mein Bruder und ich gehörten zu den Fernsehstars der ersten Stunde, bezieht man da das Probefernsehen mit ein. Dass die Kamera ihre Einstellung auf die Zithersaiten und die kleinen Finger, die diese betätigten, richtete, um dann schließlich die Urheberin der Töne oder auch Misstöne groß ins Bild zu bringen, erfuhr ich von den Zuschauern, die in einem Nebenraum saßen und auf dem Bildschirm das Geschehen verfolgten. Nicht nur diese neueste technische Errungenschaft wurde damals gehörig bestaunt, sondern auch, was die Leute da musikalisch vorgesetzt bekamen. Vom Aufnahmeraum aber war leider das Geklatsche nicht zu vernehmen.

Kurz vor Weihnachten spielte ich mit meinem Bruder und einer Kinderschar einmal den „Amis" im Schloss Kleßheim auf – ohne die Zitherlehrerin Nr. 1! Ein Weihnachtsfestival war dort angesagt. Auf der Fahrt mit den „grauen Hunden", das waren die amerikanischen Busse, nach dorthin erlernten wir das amerikanische Weihnachtslied „Jingle bells"... – für alle Fälle, bedeutete uns die Musiklehrerin meines Bruders. Es war damals nicht die Zeit, wo Kinder Mutterbrüste in Form riesiger Cola-Flaschen mit sich herumtrugen, um sich an ihnen nach Lust und Laune zu laben. Kaugummis und diverse Süßigkeiten gab es, wenn überhaupt, nur an Festtagen. Dennoch spielten wir auch in Ermangelung, jedoch in Erwartung solcher Köstlichkeiten und mit jenem Ernst, den uns nicht nur das bevorstehende Fest, sondern auch die ungewöhnliche Örtlichkeit abnötigte, frisch fröhlich auf.

Es ging schon gegen Mitternacht. Der Applaus tröpfelte nur zaghaft. Unsere Kindermägen krachten bald unüberhörbar. Die feinen Damen der hohen amerikanischen Gesellschaft promenierten in atemberaubend schönen Gewändern durch die festlich geschmückte Halle. Und wir? Wir waren Hintergrundmusik – mehr nicht. Das blieb uns Kindern irgendwann nicht mehr verborgen. Es war völlig unbedeutend, ob wir nun „Stille Nacht" spielten, irgendeinen Jodler, einen Marsch oder sonst etwas von uns gaben, man hörte ein vornehmes Geplauder – von uns nahm man kaum Notiz. Da wurde es der Musiklehrerin meines Bruders zu bunt. Wir standen auf und gaben das „Jingle bells" von uns, und siehe da – die feine Gesellschaft geriet außer Rand und Band. Ich weiß nicht, wie oft wir es sangen und spielten, oft genug jedenfalls, dass angefragt wurde, ob die Kinder vielleicht Wünsche hätten. Wünsche? Sie hatten nur Hunger, das war alles. Das den Amerikanern begreiflich zu machen, war trotz ausreichender Sprachkenntnisse kaum möglich. Schließlich kam man mit großen Portionen Eis angerückt, dazwischen verirrten sich Tortenstücke. Für uns war das Weihnachten pur. Eis, wann gab es das damals schon, noch dazu mitten im Winter ...

Nicht nur die kalte Jahreszeit schlug sich in Form von Verstimmungen auf die Saiten meiner Zither nieder, auch der Sommer hatte diesbezüglich so seine Tücken. Dieser Umstand sollte meinen Bruder samt seinem Instrument weniger berühren. Es war nicht krisenanfällig, was man von meinem leider nicht behaupten konnte. Für Misstöne war, von Fehlgriffen abgesehen, nur meines verantwortlich. Es rächte sich, in einem Kreis zu musizieren, wo mein Instrument die Ausnahme in einer Reihe von anderen bildete. Das führte dazu, dass ich, während die anderen noch lustig spielten und herumtollten, mit dem Stimmschlüssel den Saiten zu Leibe rücken musste. Zwar hatte mich Zitherlehrerin Nr. 2, etwas spät, aber doch, in die Geheimnisse dieses mühseligen Vorgangs eingeweiht. Meine diesbezügliche Fähigkeit aber war, vor allem angesichts des verständlichen Lampenfiebers, doch noch nicht so gefestigt, sodass ich, wenn ich diesbezüglich in Bedrängnis kam, meiner Zitherlehrerin Nr. 1 gehörig zürnte. Schließlich war sie es, die es die Jahre über in ihrer Lehrtätigkeit an mir verabsäumt hatte, mir das Stimmen beizubringen. Die Töne raunzten sich hinauf und herunter, und es dauerte zuweilen, bis die entsprechende Höhe passte. Eigentlich sollte man das Stimmen im Blindflug beherrschen. Wenn dann auch noch eine Saite riss, riss auch meine Geduld, denn eine neue dazu zu bringen, sich in kurzer Zeit zu bequemen, so zu tönen wie ihre Vorgängerin, grenzte an Wunder, die mir nur selten gelangen.

Musikveranstaltungen dieser Art hatten jedoch für mich insofern ein Gutes, als ich mit meinem Kindheitstraum, der Geige, in Tuchfühlung kommen konnte, wenn Musikanten diese spielten. Bei den Proben bettelte ich ihnen bei passender Gelegenheit mit mehr oder weniger Erfolg ihr Instrument ab – nicht ohne mir zuvor abgeschaut zu haben, wie man mit einem solchen umgeht. Dann kratzte ich die Lieder aus den Anfängen meiner Zitherlehre leidlich herunter und erkannte bei der Gelegenheit, dass das Zitherspiel als Vorbildung dafür eigentlich ganz nützlich war. Wenn ich Glück hatte, wurde ich sogar gefragt, wie lange ich denn schon Geige lernen würde. Damit man nicht dahinterkam, wie wenig Ahnung ich in Wirklichkeit vom Geigenspiel hatte, ließ ich vorsichtshalber oft wieder eiligst von dem von mir so heiß begehrten Instrument ab. Schließlich musste man, um den gewünschten Ton zu treffen, auf den Saiten in Ermangelung einer Griffbrettvorgabe so lange hin und her rutschen, bis dieser sich schließlich einstellte. Da aber die Trefferquoten dennoch meine Vorstellungen übertrafen, wurde ich mit der Zither immer unzufriedener – sieht man davon ab, dass ich kaum jemals mit ihr zufrieden war. Ein Instrument mit Knopfdruck oder eines mit nur vier Saiten – wie praktisch! Eines zum In-die-Hand-Nehmen, eines zum Umhängen, das ließ ich gelten, aber nicht eines, wofür man einen Tisch brauchte, in welchen sich die drei Füßchen mit ihren Spitzen daran Löcher bohren mussten, um Halt zu finden – ganz zu schweigen von den Kratzern, die diese dann hinterließen ... Und da war auch noch der Zitherring, auf den zu achten war – ein kleines Ding, urkomisch anzuschauen und von so großer Bedeutung! Überdies musste man auch noch den Stimmschlüssel im Auge behalten, der die Saiten wieder auf den rechten Weg brachte. Wehe, man verschlampte diese Teile. Eine Geige hatte so etwas nicht nötig, ein Knopfdruckinstrument gleichfalls nicht.

Auch mit der Malerei kam ich während meiner Vorspielzeit in Berührung. Einmal saß ich anlässlich eines Auftritts vor dem „Rosenwunder" von Hans Makart. Das brachte Kurzweil während der Pausen und Ansprachen, wo wir untätig herumsitzen mussten. Ein Riesenbild! Viele Rosen! Ganz romantisch – und erst die nackigen Leute da drauf! Man nahm es alsbald ab, obwohl mir der Ort dort in meinem erwachsenen Zustand sehr passend erschien, da in dieser Räumlichkeit die Brautleute immer auf ihren großen Auftritt warteten.

Irgendwann machte ich meinen zithernden Abgang. Zuvor aber, als sich die Lage hinsichtlich der Wertschätzung meiner Zitherlehrerin Nr. 1 zuspitzte, vollzog sich, wie bereits erwähnt, der Wechsel zu Zitherlehrerin Nr. 2. Maßgeblich dafür war unter anderem, dass ich oftmals auf die Nr. 1 dort vergeblich wartete, wo man ihr in klosterbrüderlicher Hilfsbereitschaft Gemächer überließ, in welchen sie nicht nur ihre unzähligen Bücher und die Orgel unterbringen, sondern auch die Musikschüler unterrichten konnte. Manchmal aber, des Abends meistens, fand sich in einer Schule ein leeres Klassenzimmer, wo der Musikunterricht stattfand. Da stand sie nun, die Zitherlehrerin Nr. 1, die Stille-Nacht-Sängerin vom Dienst, die promovierte Musikpädagogin mit ihrem massigen Leib an den Katheder gelehnt, der schließlich nachgeben musste in Anbetracht des Ansturms dieses wuchtigen Leibes. Des Kicherns war kein Ende, als alles ins Rutschen und Wanken geriet.

Das Ende ihrer musikalischen Lehre an mir war nun leicht abzusehen. Und dieses ersparte mir in Hinkunft, die Zitt(h)erstunden abzuwarten, den Gang durch die klösterlichen Kreuzgänge bis hin zu ihrem allerheiligsten Durcheinander anzutreten, wenn Tor Nr. 1 – ein schweres Eisentor, das durchschritten werden musste – geschlossen war. Dann erst befand man sich vor dem Tor Nr. 2. War auch dieses zu, musste man auf Umwegen durch das Tor Nr. 3, und das war die klösterliche Pforte samt dem Bruder Pförtner, den ich nicht sehr gut leiden mochte, was umgekehrt nicht der Fall war. Auf seine Begleitung rund um den Klosterhof im Kreuzgang zu Tor Nr. 2 konnte ich gerne verzichten. Mit dabei war natürlich immer der schwarze Holzkasten samt Inhalt! Nicht dabei hatte ich eine Uhr, denn ich war noch nicht gefirmt. So wusste ich nicht, wie viel es geschlagen und wie lange ich noch zu warten hatte. Zwar sagten die Uhren um mich herum von den Türmen unüberhörbar die Zeit an, aber leider herrschte unter ihnen selten Einigkeit. Trotz meines mir bescheinigten musikalischen Taktgefühles schaffte ich es nicht immer, dieses akustische Verwirrspiel richtig zu deuten.

Zitherlehrerin Nr. 2, zu der es mich dann verschlug, wohnte nicht im Zentrum der Stadt. Von der Bushaltestelle war noch ein entsprechender Fußmarsch zurückzulegen. Dieser aber war kurzweiliger, weil es links und rechts Geschäftsauslagen zu bewundern gab. Ich musste nie warten – sie war stets zu Hause. War ich zu früh unterwegs zu ihr, wanderte ich die Straßen noch weiter. Überdies gab es auf diesem Weg einige Uhrengeschäfte, sodass ich in Sachen Pünktlichkeit keinerlei Probleme hatte.

Zum Unterschied von Zitherlehrerin Nr. 1, die unentwegt nach irgendetwas kramte, mich aber dabei dennoch singend beim Vorspielen meiner Hausaufgabenstücke begleitete, blieb Zitherlehrerin Nr. 2 brav neben mir sitzen. Die Geigenlehrerin Nr. 1 aber hatte die Angewohnheit, unentwegt um mich herum zu tanzen, um meine Haltung zu korrigieren. Einmal war sie vor mir, dann hinter mir, dann neben mir. Das musste wohl so sein, dachte ich. Schließlich entdeckte sie irgendwo an mir einen blauen Fleck, der sie von meinem Spiel ablenkte. Er irritierte sie – noch mehr, dass sie nicht aus mir heraus bekam, woher dieser stammte. Mir war das Geigen wichtig, sonst nichts. Zitherlehrerin Nr. 1 hätte sich auch nicht um blaue Flecken gekümmert. Im Übrigen konnte ich der Geigenlehrerin Nr. 1 nicht verraten, dass ich Sport betrieb. Dies hielt sie wahrscheinlich mit dem Geigenspiel für unvereinbar, so blieb sie vermutlich in dem Glauben, ich wäre verprügelt worden. Geigenlehrerin Nr. 1 war für mich Mittel zum Zweck – mehr nicht. Auch wenn s i e mich verprügelt hätte, ich hätte es erduldet, hätte niemandem davon erzählt. Aber das kam ihr wohl auch nicht in den Sinn. Zum Unterschied von Zitherlehrerin Nr. 1, der meine klammen Finger ebenso gleichgültig waren wie meine rinnende Nase und meine guten Schulnoten, obwohl sie selbst im Lehrberuf tätig war, interessierte sich Geigenlehrerin Nr. 1 für mich – jedoch ich mich nicht für sie. Bei mir drehte sich alles einzig und allein um die Geige!

Alle meine Musiklehrerinnen hatten eines gemeinsam – sie stellten mir immer ein ausgezeichnetes Zeugnis aus. Ganz abgesehen davon, dass mir meine musikalischen Leistungen keineswegs so gut vorkamen, erstaunte mich, dass man diese beurteilte. Mir reichte die Notengebung in der Schule, obwohl es da nichts zu klagen gab. Bei Geigenlehrerin Nr. 2 war für mich Endstation, obwohl ich bei ihr vorerst in einer Weise aufblühte, wie sich das kaum vorstellen lässt. Vielleicht war der Knabe, ihr Sohn übrigens, mit welchem ich zusammen geigte, die Ursache für meinen Entschluss, aufzuhören. Nicht, weil dieser im zarten Alter schon so vortrefflich die Saiten zu streichen wusste und später sogar Geigenvirtuose wurde – Letzteres konnte ich damals noch nicht wissen. Wie Schuppen fiel es mir plötzlich von den Augen, dass niemals nachzuholen ist, was man in jungen Jahren auf diesem Instrument versäumte zu lernen. Ich trauerte um die verlorene Zeit, und mein Eifer ließ nun mehr und mehr zu wünschen übrig, und so war auch das Ende meiner so hoffnungsfroh begonnenen Geigenlehre bald abzusehen.

Später fand ich eine Geigenlehrerin Nr. 3, die ich gelegentlich aufsuchte. Das war aber nicht sehr oft der Fall. Beruflich in einem Orchester tätig und nicht in Sachen musikalischer Pädagogik, vergab sie keine Leistungsnoten, überschüttete mich aber mit rührender Einfühlung und trug mich, wenn ich mit ihr Duette spielte, in den Himmel musikalischer Glückseligkeit. Ich geigte wie auf Wolken. In den eigenen vier Wänden fiel ich dann mit meinem Gekratze wieder auf den Boden der musikalischen Wirklichkeit zurück. Diese Dame wollte ich nicht enttäuschen, sie war mir nicht Mittel zum Zweck wie die beiden anderen Geigenlehrerinnen, auch wenn hinter deren äußerlichen Fassaden zuweilen viel Menschliches zu erkennen war. Mehr und mehr meiner Grenzen bewusst, wurde ich meine eigene Lehrerin an Instrumenten, die nicht diese Ansprüche stellten wie Zither und Geige. So spielte ich Flöte, Hackbrett, Gitarre und Akkordeon dann auch leidlich gut, jedenfalls mit viel Herz. Ich war zur Musikantin geworden – mehr bedurfte es nicht mehr.

Dabei nun könnte ich es mit meinen Ausführungen eigentlich bewenden lassen. Wenn nicht, ja, wenn ich nicht doch noch einmal meiner Zitherlehrerin begegnet wäre …

Seit Kindertagen war ich nicht nur am Musizieren und Fabulieren interessiert, sondern vor allem auch sehr neugierig. Ich konnte einfach nie genug wissen. So wandte ich mich später dann den Wissenschaften zu. Die Philosophie jedoch gab mir anfangs so einige Rätsel auf, nicht nur das Sein des Seienden – auch ein Lehrender auf diesem Gebiet tat dies, indem er mir ein Lyrikbändchen ans Herz legte, dessen Verfasserin mir vorerst nicht bekannt war und dessen Inhalt mich nicht sonderlich entzückte. Bald aber stellte sich heraus, dass sich hinter dem Pseudonym meine Zitherlehrerin Nr. 1 verbarg. Ganz plötzlich erschien mir diese Dame nun in einem anderen Licht. Sie schrieb Verse! Unglaublich! Nicht nur das – sie philosophierte auch, war zu erfahren, und mildtätig soll sie gewesen sein! Scheinbar schätzte man sie sehr, was mich allerdings verwunderte. Angeblich hatte sie Menschen um sich, die ihr in ihrem Leiden und Tod in liebender Hingabe beistanden. Angesichts dieser Meldungen behielt ich meine Ansichten bezüglich der kindlichen Einschätzung dieser Frau vorsichtshalber einmal für mich. Sollte sich diese nun ändern, weil sie auf Erden hochgelobt und gepriesen wurde und nun im Himmel womöglich jubiliert? Sollte ich plötzlich dafür Verständnis aufbringen, dass es für sie nicht das Wahre gewesen sein musste, sich „Kommt ein Vogerl geflogen" von Kindern vorzithern zu lassen? Ganz offensichtlich wollte sie nicht werden wie die Kinder. Ob es sie beeindruckt hätte, von meinen Gedichten zu hören? Gewiss nicht, dafür war ich ihr wohl viel zu minder, vor allem zu unerwachsen.

Sollte mich meine damalige kindliche Wahrnehmung, ihre Person betreffend, doch getrogen haben? Mit der Anhörung von mehr schlechtem als rechtem Gezupfe musste sie vermutlich ihr Zubrot verdienen, sich dabei diesen albernen Gänsen und Gockeln von Kindern ausliefern und deren Verwünschungen hinnehmen in ihrer geringen Pracht und Herrlichkeit. Kein leichtes Leben, wie sich denken lässt. Vermutlich verwünschte sie uns – wie wir sie! Der Himmel soll ihr von mir aus gnädig sein, da es doch offensichtlich auf Erden Leute gab, bei denen sie andere Saiten aufzog als bei mir und meiner Zither. Ob sich hinter den dicken Brillengläsern damals wirklich ein ganz und gar anderer Mensch versteckte? Versteckte ich mich mit meinem Verhalten nicht auch vor ihr? Was mich betrifft – es war Notwehr, glaube ich nun. Vielleicht würde sie das auch von sich behaupten, hätte sie dahingehend noch etwas zu sagen – und das vielleicht, ohne dafür ein Pseudonym zu bemühen ...

Lehrformeln

Für die kleine Weile war er mein Sohn. Wasser lief über den braunen Bubenhals – das frische weiße Hemd zugeknöpft, den dunklen Lockenkopf zurechtgebürstet, nun schnell! Wir hatten verschlafen! Die Zeit drängte, es ging um viel. Er wird es schaffen! Die Stadt war groß und fremd, und ich mitten darin mit meiner Schar. Der Tag verlief sich zwischen hohen Häusern, und die Hitze lastete über allem, hinter die Schlossmauern fand sie nicht hin.

Unterwegs nach Sehenswürdigkeiten, knirschte unter jungen Schritten der Kies – mein Schritt auch dabei, immer hinter den anderen her. Ich zählte, dass keiner fehlte. Einer, der da fehlte, schwitzte über Prüfungsaufgaben. Irgendwann auch er wieder darunter – mit dem Frohsinn des jungen Blutes, das bestanden hatte. Er hatte bewiesen, was in ihm steckte. Er macht aus allem etwas, dachte ich – sogar aus Fischgräten, fiel mir ein, als ich im Geist seine Arbeiten durchging und an einer Heftseite hängen blieb. Da war nicht nur seine unverkennbare Handschrift, sondern auch, was er mit dieser darlegte. Er findet immer eine Formel, dachte ich, in die er einsetzt, wenn auch nicht im Uhrzeigersinn. Warum nur schwamm er stets gegen den Strom?

Ich dachte es auch viel später dann, als er unter sengender Sonne hinter hohen Mauern büßte. Sieben Lebensjahre gegen den Uhrzeigersinn! Der Preis, wenn man in falsche Formeln einsetzt – sich verschätzt, überschätzt? Man hatte ihn benutzt, ausgenutzt, ihm etwas vorgemacht. Das entschuldigt nichts, sagten die Gerichte. Fremde Formeln waren nichts für ihn. Er hätte das wissen müssen, nicht nur ich ...

Ein Bursche mit hellen blauen Augen – diese schon lange erloschen und sein Name in Stein gemeißelt, geht mir noch immer nach. Wie damals auch in der Großstadt, und es war dunkel dort, und die Kälte fand überall hin. Nirgendwo Kies, der knirschte. Die jungen Schritte froren überall an. Auch mein Schritt war wieder dabei, immer hinter den anderen her. Und ich zählte – wie immer. Plötzlich – allein auf dem Weg zurück nach dorthin, wo ich alle längst in Wärme und Licht wähnte, neben mir ein Schritt. Ich fragte nicht, warum er den anderen nicht gefolgt war, sondern auf mich wartete. Ein besorgter Blick aus seinen Augen sagte es mir. Und für die kleine Weile vom Dunkel zum Licht war er mir ein Sohn, der mir ritterlich zur Seite stand. Auch dann noch – nach dem großen Schnitt den Rippenbogen entlang. Er zeigte die verheilte Wunde vor unter dem weißen Hemd mit dem Frohsinn des jungen Blutes, das glaubte, alles würde wieder gut werden. Innen aber sah es anders aus ...

Und grässlich stieg der Rauch aus dem grässlichen grauen Haus. Und alle waren sie meine Kinder – für die kurze Weile, als sich das Tor schloss und sie um mich herum waren – verschreckten Schafen gleich. Ich zählte sie nicht, wohl wissend, dass jemand fehlte. In Gedanken suchte ich nach den Heften dessen, der uns verlassen hatte, und blätterte, um eine Formel zu finden, in welche ich einsetzen konnte. Er fand eine, dachte ich dann – er hatte in sie eingesetzt, dachten dann alle, als sie seine tintenblaue Handschrift vor Augen hatten. Schon zu Lebzeiten ließ er wissen, wie sehr er sich wünschte, bald schon nach dem Schulaustritt alle Schritte wieder um sich versammelt zu erleben. Das Klassentreffen fand statt – in einem Blumenmeer, doch ohne ihn! Als aber alle lasen, was er denn zu tun gedächte, wäre er einmal unsichtbar, wähnten wir ihn alle wieder mitten unter uns.

Mehr und mehr entfernen sich die jungen Schritte, tun den einen großen Schritt hinaus ins Leben und gehen dann ihrer Wege. Im Ansturm schicksalhafter Fügungen, wenn die Zeiger junger Uhren krumme Bahnen zu kreuzen oder zum Stillstand zu kommen drohn, fängt sie ein Netz sicherer Formeln, auf dass sie nicht stranden im Strom ihres Lebens.

Kurzschwünge

Wenn Frau Holle die Stadt mit ihrer weißen Pracht verzaubert, dachte das Mädchen, verändern die Häuser und Straßen ihr Gesicht.

Im Flockenwirbel und in geschwisterlicher Eintracht schulterten sie fröhlich ihre „Brettl". Das Christkind hatte irgendwann mit zwei Stadtkindern ein Einsehen. Sollten sie sich nur mit Schneemannbauen und Schlittenfahren begnügen? Nein! So wurde der Knabe mit Haselnussstöcken und neuen Schiern, das Mädchen mit Stöcken aus Bambus und dazu mit elendslangen Latten bedacht, die nach Trödelladen rochen. Auch in den himmlischen Warenlagern machte sich die Nachkriegszeit bemerkbar ...

Auf die Anzahl an Hügeln hatten die Mangeljahre jedoch keinerlei Einfluss. Ihre Zahl war begrenzt, wie das in Städten so ist. Ziel war nun einer davon zu Füßen des Kapuzinerberges in Salzburg. Der Weg dorthin zog sich. Eine pünktliche Heimkehr war die Bedingung, zu dieser Schiwiese pilgern zu dürfen. Das Mädchen, die Schwester des Knaben und älter als er, war dafür verantwortlich. Als Hilfsmittel diente ihm, da noch nicht gefirmt, nur die Uhr hoch oben auf einem nahen Schulgebäude. Von der Vorfreude eines vergnüglichen Schinachmittages beflügelt, gestaltete sich der Hinmarsch meist kurzweiliger als der Nachhauseweg. Auf dem Heimweg hatten die Schier offenbar an Gewicht zugelegt und lasteten schwer auf den kindlichen Schultern. Der Knabe kümmerte sich wenig um elterliche Gebote, blieb immer wieder stehen und war kaum zu bewegen, den Marsch fortzusetzen. Da kam das Mädchen meist gehörig ins Schwitzen, trug es doch streckenweise auch die Schier seines Bruders, um die vereinbarte Zeit einhalten zu können. Da es wusste, wie sich der Heimweg gestalten würde, drängte das Mädchen, immer die Uhr im Blick, schon weit früher als nötig zum Aufbruch.

Auf den Knaben, der unermüdlich seine Schier auf den Hang schleppte, im Schuss hinab fuhr und unten dann elegant mit einer schwungvollen Kurve abbremste, machten die Mahnungen wenig Eindruck. Er empfand sie nur als lästig und den Fahrstil seiner Schwester mehr als peinlich, denn sie musste sich, weil sie das „Christl" noch nicht beherrschte, jedes Mal vor dem Zaun in den Schnee fallen lassen, um abzubremsen. Eine in Aussicht gestellte Wanderung mit dem Vater auf den Gaisberg zum Winterausklang bestärkte das Mädchen in seinen Bemühungen, das Fahrkönnen zu verbessern.

Als jedoch der Tag des Schiausflugs nahte, waren alle enttäuscht, da bei näherer Betrachtung des auserkorenen Schigeländes an diesem nur noch am Waldesrand ein Flecken Schnee zu erspähen war – mehr aber nicht. Es bedurfte daher nicht viel Überredungskunst, das Familienoberhaupt dazu zu bewegen, das Ziel zu ändern und auf die Erentrudisalm auszuweichen. Der Weg da hinauf erwies sich als beschwerlich, doch diesmal kam der Vater dem Mädchen zu Hilfe – er trug die Schier. Als sie das erste taugliche Schneefeld erreichten, setzte sich der Vater in die Sonne und las Zeitung. Die Kinder, so meinte er wohl, wären nun ohnedies entsprechend beschäftigt. Das traf aber nur auf den Knaben zu. Unermüdlich stapfte dieser den Hang, der zudem noch um eine Kurve ging, hoch und fuhr dann schon ganz meisterlich herunter. Das Mädchen aber kam bei dem weichen Schnee mit den langen Latten nicht zurecht. Wenigstens das Bremsen fiel nicht so hart aus.

Auf Schikurs, glaubte die Schwester, nämlich ich, würde ich wohl lernen, Berghänge mit Schiern zu meistern. Vorerst aber war vor Lehreraugen eine Abfahrt zu bewältigen, um nach erbrachter Leistung der entsprechenden Lerngruppe zugeordnet werden zu können. Da mein Ansehen als Sportlerin auf dem Spiel stand, fuhr ich todesmutig in die Tiefe – nicht wissend, wo ich mich dann, auf dem Hinterteil bremsend, niederlassen sollte. Man bezeugte mir, dass ich einen beachtenswerten Stand auf den Brettern gehabt hätte, doch mein Sturz, nachdem ich sogar über einen Bach fuhr und dabei noch einen Misthaufen rammte, ließ allen Zusehenden den Atem stocken. Meine wenig berauschenden Fahrkünste waren somit nicht mehr zu verbergen. Dass nichts passierte, war wohl auch ein Wunder.

Nach einem mehr oder minder erfolgreich abgeschlossenen Schikurs überlegte ich, welche Berge in der Nähe der Stadt für mich nun in Frage kämen. Der Untersberg aber mit „Eisgraben" und „Kanonenrohr" – damals noch ohne jegliche Aufstiegshilfe – fiel weg. Geeigneter erschien mir der Gaisberg, auf den man mit einem Autobus hinauf- und dann mit den Schiern über die sogenannten „Bauernwiesen" abfahren konnte. Vorsichtshalber aber fasste ich zur Erprobung meiner Lernfortschritte ein noch leichteres Gelände ins Auge – den Gersberg.

So ging es an einem Winternachmittag auf diesen hinauf – ohne Bruder, aber mit Freundin! Beim Gasthaus oben ließen wir uns nieder, um das herrliche Bergpanorama rundum auf uns wirken zu lassen. Die feierliche Winterstille verzauberte uns. Auf einer Sitzbank, die aus unseren Schiern bestand, erwarteten wir in romantischer Backfischstimmung den Sonnenuntergang – nicht achtend, wie wir wieder ins Tal kommen sollten. Über die Beschaffenheit des Schnees, der sich bei unserem Aufstieg noch sehr weich anfühlte, nachzudenken, war in unserer Naturschwelgerei nicht inbegriffen. Nicht nur die blutrote Sonne sank, sondern auch die Temperatur! Als wir uns zur Abfahrt bereit machten, war der Schnee schon bockhart. Die Abfahrt gestaltete sich dementsprechend, Stürze blieben nicht aus. Bei einem rissen die Innennähte meiner grauen Schihose von oben bis unten entzwei, sodass die schwarze lange Unterhose sichtbar wurde. Wir klopften an das Tor eines Bauerngehöftes und erhielten dort freundlicherweise Nadel und Zwirn. Doch schon beim nächsten Sturz platzte die provisorische Naht. Mit Sicherheitsnadeln, die man uns noch vorsorglich mit auf den Weg gegeben hatte, wurde der Riss wiederum behelfsmäßig geschlossen, sodass man mir auf dem Weg nach Hause nicht unbedingt gleich mein Fahrkönnen ansah. Vielleicht aber wunderte man sich doch, warum ich, was mir beim Schifahren damals noch nicht gelang, so engspurig daherkam.

Mein Rezept, um die Kurve zu kommen, war noch lange der „Umsteigschwung". Darunter ist eine Spitzkehre zu verstehen. Bald beherrschte ich diese so gut und schnell, dass ich vorerst gar nicht willens war, mir eine beschwerlichere Möglichkeit der Richtungsänderung zuzulegen. Wenn man bedenkt, dass ich damit Berge, die mit einer Gondelbahn erreichbar waren, bezwang, muss man sich im Nachhinein nur wundern, wie ich da von diesen Höhen wieder ins Tal gelangte. Natürlich dauerte es ewig, bis ich unten ankam – zu Fuß wäre ich vermutlich schneller gewesen. Auch meine Stürze waren nicht gerade sehenswert, mitunter auch gefährlich. Zwar hatte ich mit Fangriemen vorgesorgt, dass sich meine Schier nach rasanter Schussfahrt nicht aus dem Staub machen konnten, wenn ich wieder den Schnee küsste, doch zuweilen flogen mir die wild gewordenen Brettln so heftig um die Ohren, dass Schnittverletzungen durch die Stahlkanten nicht ausblieben. Dass dorthin, wo ein mehrfacher Olympiasieger mit Kurzschwüngen durch Torstangen auch zu Weltmeistergold fuhr, damals schon ein Sessellift hinauf führte, verlockte mich dazu, diesen ebenfalls zu benützen, um sodann auf dessen Spuren, jedoch ganz und gar nicht weltmeisterlich, sondern gemächlich „pflügend" und mit der schon erwähnten Technik des Umsteigens, abzufahren.

Irgendwann kriegte ich die Kurve im wahrsten Sinne des Wortes, erlernte es, statt der gefährlichen Schussfahrten mit noch gefährlicheren Bremsmanövern, Bein an Bein und in kurzen Schwüngen über die Hänge zu flitzen. „Wedeln" nannte man das, obgleich damit immer schon ein bestimmtes Verhalten von Hunden gemeint ist, die auf solche Weise eine freudige Erwartungshaltung ausdrücken. Selbst Zopfmuster konnte man mit dieser Art schimäßiger Talwärtsbewegung in einen unberührten Schneehang zaubern – sogar im Paarlauf oder im einträchtigen Nebeneinander von mehreren Schisportlern.

Auch mit den Fahrkünsten meines Bruders konnte ich es bald aufnehmen, wenn ich mit ihm um die Wette fuhr, denn parallel zu meinem wesentlich verbesserten Stil, konnten sich auch meine Spitzenschier sehen lassen. Das Geschwisterpaar war jetzt nicht mehr zu Fuß mit geschulterten Brettln zu einer Schiwiese unterwegs, die Schiparadiese lagen nun woanders, und dorthin ging es auf vier Rädern! Wenn dann doch einige Schritte zu gehen waren, übernahm es der Bruder, ritterlich die Schier der Schwester zu tragen ...

Bauwerke

Ein Neubau – weiter nichts! Oder doch? Hoch oben, einer Sprungschanze ähnlich, die aufsteigende Fensterfront, dahinter der Hörsaal! Sonst alles in linearer Anordnung und im Rohbau noch, wie auch alles Dazugehörige – die Ausbildung künftiger Lehrer ... Altes war überholt, Neues im Kommen.

Die provisorische Volksschullehrerin fühlte sich dem allen nicht zugehörig, nahm nur die Leere wahr im Inneren des Baues. Ein Mann neben ihr aber, einer der ersten Stunde in diesen Gemäuern, wollte ganz offensichtlich hoch hinaus, füllte schon den Raum mit seinen Vorstellungen: Hier oben werde er stehen und lehren – einmal, erklärte er. Für die provisorische Volksschullehrerin war der pädagogische Schnee von gestern noch immer nicht geschmolzen. Doch was ging sie das alles an? Wenn die Inneneinrichtung steht, würde sie dort ihre letzten Klausuren geschrieben haben und in andere Schulhäuser wechseln. Um wiederzukehren? Unvorstellbar noch, doch Wirklichkeit einmal – später! Am Pult da vorne, auf der Bühne sozusagen, wo der Mann der ersten Stunde seine Laufbahn beendet haben wird, dann doch gestanden zu sein und Konferenzen auf den letzten Bankreihen im Hörsaal, einem Zuschauerraum gleich, abgesessen zu haben – war es das? Nichts weiter als Ensemblemitglied eines pädagogischen Theaters mit wechselnden Perspektiven in einem grauen Haus gewesen zu sein und dort gelehrt zu haben? In keinem Gefängnis wohlgemerkt, wie sich das vielleicht so anhört, doch in einem grauen Haus der Theorie ...

Vollgestopft mit guten Lehren aus diesem Gebäude zunächst entlassen, kam das Berufsleben auf die provisorische Volksschullehrerin zu. Mit einem solchen Titel auf Kinder losgeschickt, war vorerst einmal Selbsthilfe angesagt.

Eine neue Lehrergeneration ist nun um die Wege – da ist nichts mehr provisorisch. Man hat nachgedacht! Hauptschullehrer müssen sich nun zuvor nicht mehr die Ausbildung zum Volksschullehrer antun. Wozu auch? Die Theorie ist nun umfangreich, sehr professionell, und die Ausgebildeten tragen andere Titel. Da ist kein beruflicher Aufstieg zum Hauptschulhauptlehrer mehr vorgesehen und somit abgewendet, als „hochheilig", wie man die so Titulierten nannte, zu enden. Auslaufmodelle erstehen oder ersitzen noch den „Oberlehrer" – eine Alterserscheinung, mehr nicht. Es ist auch kaum noch „in", Lehrende mit „Lehrer" anzusprechen. Lehrer, das ist doch kein Titel! Vater und Mutter schon auch bald nicht mehr – der Name soll genügen. Aber wird namentlich auch für erziehliches Handeln Verantwortung getragen?

Schnell vorbei war die Zeit, wo die provisorische Volksschullehrerin inmitten dreiunddreißig wilder Knaben vor dem Marienaltar einer Kirche stand und helle Bubenstimmen „Die Erde ist schön, es liebt sie der Herr ..." anstimmten – einfach so. Und das mit jemandem noch ganz ohne Hochschulabschluss! Dann das hohe Fieber plötzlich einen Tag vor Weihnachten. Die Lehrerin fehlt, schwitzt im Bett. Aus weiter Ferne wieder die vertrauten Bubenstimmen: Frau Lehrerin! Können nicht fassen, dass sie nicht da ist – nicht in die Schule kommt und zu Hause sich nicht meldet. Die Rasselbande stapft ums Haus, legt Gaben vor die Haustüre. Ein Fiebertraum? Die Fußspuren im Schnee rund ums Haus am Tag danach beweisen anderes.

Bald nicht mehr „provisorisch", auch nicht mehr nur Volksschullehrerin – es ging weiter nach oben! Die Kinder wuchsen, die Lehrerin nicht mit, somit nicht mehr auf Augenhöhe – rein optisch betrachtet! Der Unterricht bald nicht mehr selbst gestrickt, weil eingebunden in Schulversuche ohne Ende. Man experimentierte – eine pädagogische Baustelle nach der anderen tat sich auf, Baugruben vor allem. Viele davon schüttete man wieder zu. Es mangelte an Geld, nicht aber an Bauherren und Plänen. Pädagogische Geisterfahrer, denen nie wirklich eine steife Brise aus den Klassenzimmern um die Ohren wehte, aber die Schulluft verlockend in die

Nase stieg, waren immer zur Stelle, leider oft auch am Werk. Unwissende, die meist keine Ahnung davon hatten, wie bunt so ein grauer Schulalltag sein kann, bunt wie das Leben, wenn man es einlässt in die Schulstube. Wie auch die provisorische Volksschullehrerin, die sich die graue Theorie aus dem Kopf schlug, wenn sie die Kinder in der düsteren Kellerklasse aus dem „Flugzeug" aussteigen und draußen im Grünen für eine Weile herumtoben ließ, ehe die Schar wieder durch die Fenster auf ihre Bänke zurückkletterte. Sie war noch nicht ausgekocht genug, um zu schlucken, was man ihr vorsetzte. Auch der pädagogische Einheitsbrei bekam ihr nicht. Er schmeckte zu abgestanden, die Würze fehlte.

Der Sparstift beendete das Experimentieren, und Eigenleistungen der Lehrpersonen waren wieder gefragt, gefordert vor allem. Und Überforderten blieb zum Glück die Ruhigstellung der Schützlinge mit kopiertem Lernmaterial, obwohl Schulbücher längst schon gratis waren und deren Tauglichkeit auch von den Eltern, die es scheinbar wissen mussten, abgesegnet! Und das, obwohl ein Literat in einer „Ansprache zum Schulbeginn" Kinder aufgefordert hatte, Schulbüchern gelegentlich zu misstrauen! Auch die Volksschullehrerin tat dieses, obwohl kein Kind mehr und auch nicht mehr „provisorisch". Sie setzte sich Maßstäbe, suchte nach Vorbildern, verwarf diese wieder, kreierte Lehrbehelfe. Vieles davon kam an, manches auch nicht. Auch Lehrende werden alt – schauen oft schon früh alt aus, obwohl man in diesem Beruf nicht alt werden sollte. Schließlich sind die Anbefohlenen jung und immer wie neu. Plaudern und Spielen kommt an. Wenn die Belehrten später im Leben stehen, ist es aber dann oft aus mit dem Lobgesang auf die Kuschelschule. Wieder erstellt man Studien, vergleicht. Man will immer alles genau wissen. Und am Ende stehen da wieder Theorien, nichts als graue Theorien. Vergeblich sucht man nach dem Sand im schulischen Getriebe. Auf losem Grund zu bauen, bedeutet meist Einsturzgefahr.

Auch Lehrende, als Freizeitkonsumenten denunziert, können Muskeln zeigen, wenn man bei staatlicher pekuniärer Schieflage die Schuldenberge ausgerechnet auf sie abwälzt. Sie sind nun keine willigen Würstchen mehr, die man nach Belieben verspeist. Das ist gut so, ihr Ansehen, so sie überhaupt jemals eines hatten, verkommt aber mehr und mehr. Was hat da einmal jemand gesagt? *Das Schicksal einer Gesellschaft wird dadurch bestimmt, wie sie mit ihren Lehrern umgeht!* Ob das ernst zu nehmen ist?

Die Schule wird immer eine Baustelle sein. Nicht nur die Fassaden der Schulhäuser verändern sich, auch ihr Innenleben. Auch Elternhäuser haben längst schon ein anderes Gesicht, lagern Eigenleistungen aus, und die Schule soll auffangen, was an Defiziten anfällt. Zerreißproben bleiben nicht aus, stellen die Tauglichkeit des schulischen Sicherheitsnetzes, so eines existiert, in Frage. Und wieder wird pädagogisch Festgeschriebenes diskutiert werden, neue Kapitel aufgeschlagen und alter Wein in neue Schläuche gefüllt. Namhafte Schulleute wehrten sich einst vehement dagegen, Kinder als kleine Erwachsene zu sehen – Hinunterneigen zum Kind war angesagt. Zwar trugen damals jene Kinder, denen von pädagogischer Seite her plötzlich diese Huldigungsgeste galt, Erwachsenenkleidung, redeten ihre Eltern womöglich noch mit Sie an, hatten aber keinen Schlüssel um den Hals, keinen Bildschirm vor Augen und nicht das Mittagessen in der Röhre. Nun aber wird nicht mehr hochachtungsvoll hinuntergebeugt und ehrfürchtig aufgeschaut, jetzt ist anderes angesagt – Partnerschaft! Gleichberechtigung wird nun großgeschrieben. Nicht nur Frauen emanzipieren sich, auch Kinder! Man senkt das Wahlalter, die Strafmündigkeit und was sonst noch alles, und lässt die Jugendlichen doch allein in ihrer Einsamkeit stehen. Das reduzierte familiäre Zeitbudget sowie TV und PC, die zu Gesprächskillern geworden sind, erlauben nur noch kommunikative Boxenstopps.

Wie heißt es so schön? Nicht für die Schule, sondern für das Leben lernen wir! Leider ist das Leben für Schulabgänger nicht immer ein Sonntagsspaziergang, zumindest entspricht es nicht so ganz der Spiel- und Spaßschule mit ihren Wohlfühlzwängen. Was hat sich die Volksschullehrerin und spätere Hauptschullehrerin nur dabei gedacht, mit Kindern Kasperltheater zu spielen? Mehr noch, mit Vierzehnjährigen führte sie sogar den „Verschwender" auf. Das soll ihr einmal jemand nachmachen. Das Wagnis gelang. Wie denkt aber nun der erwachsen gewordene „Flottwell" von damals über dieses pädagogische Unterfangen? Wie der „Valentin", die „Rosa" oder die Fee „Cheristane" und wie sie in den Rollen alle hießen? Eine ganze Schulklasse war an der Aufführung dieses Stückes beteiligt. Tränen blieben auch nicht aus. Die „Fee", auf die „Valentin" ein Auge geworfen hatte, war nicht gerade begeistert, dass ausgerechnet ihrer Freundin die Rolle der „Rosa" zufiel. Heute noch hat die Volksschullehrerin die Stimme der „Fee" in den Ohren, aber auch die des „Dumont", ein tüchtiger Handwerker nun, wie er in französischem Tonfall: „Sie sein so malerisch verlumpt" sagt oder: „Ich bewundre der Natür!" Die Eltern jedenfalls waren von den Vorstellungen ihrer Kinder sehr angetan und von Stolz erfüllt – plötzlich sahen sie ihre Sprösslinge von einer ganz anderen Seite. Ob der Hobelliedspieler, der Arzt wurde, noch sein Instrument zur Hand nimmt? Um den „Wert des Glücks", wie es in diesem Lied heißt, werden sich die Leut` wohl immer streiten ...

Zuweilen spielt auch das wirkliche Leben verrückt und mutet wie ein Kasperltheater an. Daran aber dachte die Volksschullehrerin damals nicht, als sie ihre Klasse zur Puppenspielerei brachte. Vielleicht erinnert sich der damalige „Kasperl", inzwischen zu akademischen Ehren gelangt, noch an seine Figur, die er zum Leben erweckte und ihr seine Stimme lieh? Vielleicht auch daran, wie er hinter der Bühne alle Hände voll zu tun hatte und sein kluges Köpfchen anstrengen musste, dass das Spiel nicht aus dem Ruder lief, als sich einmal behinderte Kinder als Zuschauer einstellten? Zusammen mit dem „Krokodil", das nun als junger Großvater mit seiner Maschin` die Lande unsicher macht, sowie der „Hexe" und den anderen Mitwirkenden hinter der Bühne gab es stets Spaß. Woran erinnern sich Menschen, wenn sie an ihre Schulzeit zurückdenken? An Erlerntes, Erfolgserlebnisse, Misserfolge, Ungerechtigkeiten? Vermutlich an Letztere – die pädagogische Forderung an Lehrer, jedem Kind das Seine und nicht das Gleiche angedeihen zu lassen, ist schwirig zu erfüllen.

Für alle junge Menschen gibt es ein Leben nach der Schule. Für viele ist dieses nicht immer ein Honiglecken. Dem Druck einer Leistungsgesellschaft gewachsen sein zu müssen, widerspricht den Bestrebungen, Schulnoten und auch das Sitzenbleiben abzuschaffen. Wie soll Schule für das Leben tauglich vorbereiten, wenn sie als erziehliche Reparaturwerkstätte dafür, was in Elternhäusern versäumt wird, herhalten muss oder als Spielwiese bildungspolitischer Versuchsreihen?

Kindern das Kindsein auszutreiben ist ebenso unsinnig, wie ihnen zu früh das Erwachsensein einzuimpfen. Kindliche Lebenserfahrung soll niemals verloren gehen. Erwachsenen stünde es oft gut an, sich noch ein wenig Kindsein zu bewahren – auch Eltern und Lehrern, wenn sie im Umgang mit Kindern nicht Außenstehende sein, sondern mitspielen wollen. Die Volksschullehrerin, die später künftige Lehrer ausbildete, hatte Glück, dass sie die Klasse auf ihrer Seite hatte, als man ihr zwei Lehramtskandidaten, wilde Gesellen, zuteilte, um ihnen bei ihren pädagogischen Gehversuchen methodisch auf die Sprünge zu helfen. Die Kinder hielten sich vorerst an das abgekartete Spiel, sie wie Herren zu behandeln. Irgendwann aber spielten sie dann nicht mehr mit. Die beiden „Sandler" in Lumpen und Loden, talentierte Burschen, wie sich alsbald herausstellte, konnten sich noch so anstrengen – ihr Unterricht, den sie mit der Zeit auch höchst lobenswert planten, kam nicht an. Irgendwann sahen sie ein, dass die Aufmerksamkeit der Kinder mehr auf die ungepflegten Haare und die zerrissenen und schmierigen ausgebeulten Hosen gerichtet war. Auch ihre Schultaschen, bestehend aus einem alten Geigenkasten und einer abgenützten Arzttasche, erregten Heiterkeit und waren für die Mitarbeit wenig förderlich. Das

Wunder aber geschah – aus den wilden Burschen wurden fesche gepflegte Herren! Ihre Leistungen konnten sich auch sehen lassen, sodass einer entsprechend guten Beurteilung nichts mehr im Wege stand ...

Schule ist immer ein Ort der Begegnung. Soll diese gelingen, ist es nötig, Menschen dort abzuholen, wo sie stehen. Auch wenn Kinder Erwachsenen gegenüber gleichwürdig sind, sind sie nicht gleichberechtigt – das Abholen kommt stets dem Lehrer zu. Die Fehleinschätzung einer Standortbestimmung verhindert eine geglückte Begegnung. Darüber wusste auch die damalige Volksschullehrerin Bescheid, als sie es einmal mit schwierigen Jugendlichen zu tun hatte, die kaum zu bändigen waren und alles andere als das Lernen im Sinn hatten. An einen gedeihlichen Unterricht war da nicht zu denken. Ihr blieb nichts anderes übrig, als die Interessen dieser Plagegeister ausfindig zu machen. Das war nicht schwierig. Die Halbwüchsigen hatten nur ihre „Feuerstühle" im Kopf – Maschinen der Marke „Honda" und „Suzuki"!

Mit einem Bündel von Prospekten über diese „heißen Öfen" machte sich die Volksschullehrerin nun daran, sich über Drehzahlen, Hubräume und viele andere technische Details kundig zu machen und sich diese genau einzuprägen. Alsbald unterschied sie schon ganz leidlich diese beiden Maschinen und erkannte sie sogar an deren „Spruch"! Sie holte im wahrsten Sinne des Wortes diese Jugendlichen mit ihren Fahrzeugträumen insofern ab, als sie bei passender Gelegenheit so ganz beiläufig Bemerkungen über diese Zweiräder fallen ließ. Die Wirkung war umwerfend. Anfänglich fiel der Lehrerin die Rolle der Schiedsrichterin zu, denn es kam zu heftigen Wortgefechten darüber, welche Marke denn die bessere wäre. Diskutieren nannten das die Burschen. Da die Lehrerin nun gar mit technischen Details über diese Maschinen herausrückte, stieg ihr Ansehen ungemein. Als aber die spätere Lehrerausbildnerin künftigen Lehramtskandidaten einmal davon berichtete, erntete sie nur ein müdes Lächeln ...

So manche Lehrer sehen einen pädagogischen Supergau voraus, wenn ihnen alle Erziehungsmittel aus der Hand genommen werden, ohne Handlungsalternativen angeboten zu bekommen. Aus erzieherischer Hilflosigkeit wird zwar nicht der Ruf nach der abgeschafften Prügelstrafe laut, doch die Anzahl der Befürworter einer gesunden Ohrfeige mehrt sich leider erschreckend. Das stimmt nachdenklich. Vorrangig eine Erziehung zur Autonomie zu betreiben, hat nun einmal ihren Preis. Individualismus und Materialismus führen zwangsläufig zu weitreichenden Veränderungen in der Gesellschaft, die auch einen sozialen Wertewandel nach sich ziehen. Traditionelle Werte verlieren an Bedeutung, wenn Selbstentfaltung sowie die Selbstverwirklichung individueller Wünsche im Vordergrund stehen.

Bildungsideale unterliegen immer dem steten Wandel von Zeit und Gesellschaft. Welche Bildungsziele sind nun in Zeiten wie diesen außer der Vermittlung von Lerninhalten gefragt? Der einstigen Volksschullehrerin fällt dazu immer noch Pestalozzi ein, der zehn Jahre vor Mozart in der Schweiz zur Welt kam und dessen pädagogisches Gedankengebäude viele Lehrergenerationen beschäftigte. Mit seiner Forderung, in der Schule die Entwicklung von „Kopf, Herz und Hand" in gleicher Weise zu betreiben, erteilte er der schwerpunktmäßigen Wissensvermittlung eine klare Absage. Dass es kein Fehler sein kann, der Herzensbildung besonderes Augenmerk zu schenken, daran glaubt die ehemalige provisorische Volksschullehrerin nach wie vor ...

Kinder sind Zukunft. Erzieher bauen an dieser immer mit. Kinder sind wie Kerzen im Wind – man muss sie vor dem Erlöschen bewahren. Kinder sind wie junge Pflänzchen – sie sollen wachsen und gedeihen. Nicht in einem Glashaus der Theorie, sondern in einem Garten, wo es nach Leben riecht und nach Liebe, wo Zäune schützen, statt gefangen zu nehmen, wo Gärtner mit Herz wirken. Auf Tragfähigem lässt sich getrost bauen.

Inhaltsverzeichnis

Vorwort	5
Sandkastenspiele	7
Das Aquarium	13
Hasenbraten	19
Wintermärchen	21
Alpenstraßenkinder	25
Der Sulingpumpenbaum	30
Päuli	44
David	47
Fanny	51
Salzburger Nockerl	53
Der Harfenspieler	111
Herzbube	114
Die Rückkehr der Schwalben	118
Äußere Form der schriftlichen Arbeiten	120
Gute Jahrgänge	126
Die Zitherlehrerin	130
Lehrformeln	145
Kurzschwünge	147
Bauwerke	152